U0878889

科学出版社“十三五”普通高等教育本科规划教材

供基础、临床、口腔、护理、预防、中西医、检验、
法医、麻醉及影像等专业使用

医学生物学与医学细胞生物学实验教程

第3版

主　编　杨春蕾　蔡晓明

科学出版社
北　京

内 容 简 介

《医学生物学与医学细胞生物学实验教程》第 3 版一书是普通高等教育“十一五”国家级规划教材《医学生物学》第 9 版和“十二五”普通高等教育本科国家级规划教材《医学细胞生物学》第 8 版的配套教材。全书共有 25 个实验，其中既有巩固和强化基础知识、基本理论及基本技能训练的实验，也有部分着重培养学生能力的综合性、探索性及创新性实验。

本书可用于医学类各专业本科生的医学生物学和医学细胞生物学课程的实验教材，也可用于相关专业研究生的医学细胞生物学实验课程教材，还可作为从事相关领域研究的科技工作者的参考书。

图书在版编目（CIP）数据

医学生物学与医学细胞生物学实验教程 / 杨春蕾，蔡晓明主编．—3 版．—北京：科学出版社，2019.7

科学出版社“十三五”普通高等教育本科规划教材

ISBN 978-7-03-061469-8

Ⅰ．①医… Ⅱ．①杨… ②蔡… Ⅲ．①医学–生物学–实验–高等学校–教材 ②医学–细胞生物学–实验–高等学校–教材 Ⅳ．①R318-33 ②R329.2-33

中国版本图书馆 CIP 数据核字（2019）第 108730 号

责任编辑：刘 畅 / 责任校对：严 娜

责任印制：赵 博 / 封面设计：铭轩堂

科 学 出 版 社 出版

北京东黄城根北街 16 号

邮政编码：100717

http://www.sciencep.com

北京富资园科技发展有限公司印刷

科学出版社发行 各地新华书店经销

*

2007 年 8 月第 一 版 开本：720×1000 1/16

2014 年 6 月第 二 版 印张：8 1/2

2019 年 6 月第 三 版 2025 年 3 月第八次印刷

字数：230 000

定价：35.00 元

（如有印装质量问题，我社负责调换）

《医学生物学与医学细胞生物学实验教程》（第 3 版）

编委会名单

主　编　杨春蕾　蔡晓明

副主编　许　勇　李学英

编　委　（按编写顺序排列）

蔡晓明　宋桂芹　王　婉　杨俊宝　许　勇　付　雯

李学英　张志敏　杨明理　章　欢　牛　蓓　杨春蕾

申跃武　陈保锋　杨　军　杨　彧　陈　康　申重阳

孟亚鹏　熊　莉　刘　云

第三版前言

众所周知，医学生物学和医学细胞生物学均是实践性很强的学科，而且这两门课程联系非常紧密。为了加强实验课程教学，培养学生的动手能力，提高学生的综合素质，我们邀请了几所兄弟院校中具有丰富实验教学经验的教师共同编写了本书，其与普通高等教育“十一五”国家级规划教材《医学生物学》第 9 版和“十二五”普通高等教育本科国家级规划教材《医学细胞生物学》第 8 版配套使用。

本书是在李虹和梁素华主编的《医学生物学与医学细胞生物学实验教程》(第 2 版）的基础上修订而成。我们根据大部分院校开设的实验内容，增加了部分新的实验，精选了 25 个适合医学生物学和医学细胞生物学两门课程的实验，使其成为极具特点和实用性较强的实验教程。其中既有巩固和强化基础知识、基本理论及基本技能训练的实验，也有部分着重培养学生能力的综合性、探索性及创新性实验。本书强调实验的可操作性，鉴于各校在教学时数和教学实验条件上不尽相同，使用时可根据各自的需要选择书中的实验项目。

参加本书编写的单位有四川大学、成都中医药大学、川北医学院、遵义医科大学、成都大学等院校。

本套教材配套有数字教学资源，包括实验作业或思考题的参考答案，实验结果及讨论。本书出版得到了各编写单位的大力支持，同时也得到了科学出版社刘畅编辑的大力支持与帮助，四川大学熊莉老师提供了多张实验照片，在此表示诚挚的谢意。

虽然编者对本书的编写花费了不少精力，但由于能力有限，加之时间仓促，不足之处在所难免，恳请使用本书的老师和同学提出宝贵意见，以使本实验教程日臻完善。

杨春蕾　蔡晓明

2019 年 1 月

第一版前言

众所周知，医学生物学和医学细胞生物学是两门实践性很强的学科，并且这两门课程联系很紧密，尽管目前各地已有一些《医学生物学实验指导》与《医学细胞生物学实验指导》出版，但将这两门相关的课程并入一本教材，目前还没有。因此，考虑到与我们编写的普通高等教育“十一五”国家级规划教材《医学生物学》与《医学细胞生物学》配套使用，加强实验课教学，以满足广大医学院校学生的学习需求，我们几个院校联合编写了这本实验教材。

考虑到学生的经费及教材的使用率，本书精选了 17 个常用的与医学联系紧密的《医学生物学》与《医学细胞生物学》的实验，力求简明扼要，切实可行。鉴于各校在教学时数和实验条件上不尽相同，使用时可根据各自的条件选择书中的实验项目。

参加编写的同志有（按编写内容顺序）：河北北方学院的魏会平，成都医学院的潘克俭，重庆医科大学的陈俊霞、郭风劲、蒲淑萍，遵义医学院的李学英，四川大学生命科学学院的杨春蕾、李虹。

本实验指导一书的出版，得到了各编写单位的大力支持，还得到了四川大学华西医学中心杨抚华教授的悉心指导，同时也得到了科学出版社的大力支持与帮助，在此谨代表同仁表示诚挚的谢意。

由于我们水平有限，加之编写的时间仓促，书中的不足在所难免。希望同行以及使用本教材的老师和同学们提出宝贵意见，以使本实验指导日臻完善，更适合医学院校教学的相关需要。

李　虹
四川大学生命科学学院
2007 年 4 月

实 验 规 则

医学生物学与医学细胞生物学是医学专业的两门基础主干课程，均由理论教学和实验教学两大部分组成。学生可以通过实验理论联系实际，验证、巩固和提高课堂上所学的理论知识，训练与医学有关的生物学技能，培养独立思考、独立工作的能力和实事求是的科学态度，培养分析问题和解决问题的能力。为了保证实验课的学习效果，学生在进行医学生物学与医学细胞生物学实验时，必须自觉遵守以下规则。

1. 实验课前要预习实验内容，明确本次实验的目的、要求及基本原理，熟悉实验内容和方法。
2. 实验课时必须携带实验教程、记录本、绘图纸、实验报告纸、铅笔、直尺等。
3. 进入实验室后，学生应对号入座，对已排定的座位和配备的实验设备不得随意调换。上课时学生应认真听老师讲授，了解本次实验的内容及注意事项。对示教标本、模型或其他实验用品，不得任意挪动或带出实验室。
4. 实验中要仔细观察和认真操作，不得违反操作规则，同时要做好记录，按时完成实验报告。
5. 遵守课堂纪律，保持安静，不得无故缺席、迟到或早退。
6. 培养良好的爱护国家财产的社会公德，爱惜实验仪器设备，节约实验材料，节约用水、用电。如果损坏物品或仪器，应立即报告实验指导老师，并按规定处理。
7. 实验完毕后，应将用过的实验用具、实验台等擦洗干净，打扫卫生，关好水、电、门、窗后，方可离去。

目　录

实验一

光学显微镜的构造及使用方法

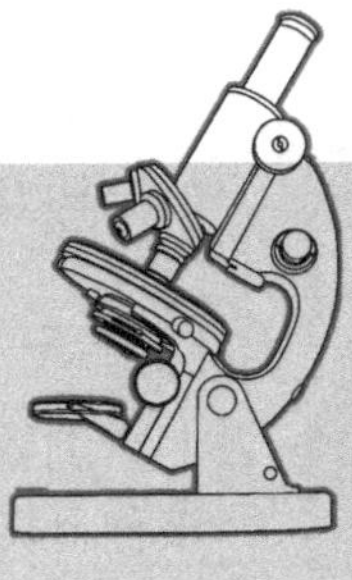

实 验 目 的

1．掌握光学显微镜的基本结构和功能。
2．熟悉光学显微镜的正确使用方法。
3．了解光学显微镜的维护方法。

实 验 用 品

一、器材

普通光学显微镜、特殊光学显微镜、擦镜纸。

二、材料

家兔肌肉、肝脏、肾脏或蛙鳞状上皮等切片标本。

显微镜类型

一、光学显微镜

（一）普通光学显微镜

普通光学显微镜（ordinary light microscope，OLM）是目前应用最广泛的显微镜，分辨率可达 0.2μm，放大倍数多为 500～1000 倍。常用于观察肉眼不能分辨的细微结构，如细胞的一般形态结构，可看到细胞核、核仁、线粒体、中心体、高尔基复合体及染色体等结构。

（二）暗视野显微镜

暗视野显微镜（dark field microscope）是在普通光学显微镜的基础上改造而来，使用中央遮光板或暗视野集光器，使照明光线不能直接进入物镜，只允许被标本反射和衍射的光线进入物镜，故视野背景是暗的，物体边缘是亮的。暗视野显微镜能观察到 4～200nm 的微小粒子，一般用于观察微小生物的运动、活细胞的结构及细胞内微粒的运动等。

（三）倒置显微镜

倒置显微镜（inverted microscope）的物镜位于标本下方，光源位于标本上方。该种显微镜主要用于观察培养细胞等活体标本。

（四）相差显微镜

相差显微镜（phase contrast microscope）是利用光的衍射和干涉原理，在光学系统中有一套特殊装置（如环状光圈和相板的物镜等），能调整直射光或衍射光的相位，使观察标本的各部分明暗反差增大，把人类肉眼看不到的相差变为明暗的振幅差，以利于观察活体标本或未染色的细微结构。

（五）荧光显微镜

荧光显微镜（fluorescence microscope）是由荧光光源、荧光镜组件、滤板系统、光学系统等部件组成。它利用高发光效率的点光源，经过滤色系统发出一定波长的光作为激发光，激发检测标本内的荧光物质，通过物镜和目镜放大以观察标本的荧光图像。细胞内含有少量维生素、核黄素等天然荧光物质，同时也可以将细胞中的某些成分与酸性品红、甲基绿、吖啶橙等荧光物质结合，以便观察分析物质在细胞内的分布位置、细胞的结构及功能等。

（六）激光扫描共聚焦显微镜

激光扫描共聚焦显微镜（confocal laser scanning microscope，CLSM）是利用激光束经照明针孔形成点光源对标本内焦平面的每一点进行扫描，标本上的被照射点在探测针孔处成像，并迅速在计算机监视器屏幕上形成荧光图像。同时，在显微镜载物台上有微量步进马达，根据需要可使载物台（标本）步进移动，因此标本的各个横断面图像均能清晰地显示，通过计算机图像信息处理可对标本三维重建，在亚细胞水平可观察生理信号及细胞形态变化。激光扫描共聚焦显微镜可用于观察活体胚胎，大脑皮层内微循环，细胞内的网络结构如内膜系统、细胞骨架及原位染色体等。

（七）摄影显微镜

摄影显微镜（video microscope）又叫智能显微镜，它是将普通光学显微镜与彩色高分辨摄像头、高保真录像机及彩色监视器结合制成，使显微镜视野中所观察的标本细微结构真实、有效地记录下来，便于分析标本的动态变化过程。若配上彩色高分辨数码相机、高清晰度彩色打印机，就可在观察标本的同时得到高清晰度图片。

二、电子显微镜

电子显微镜是一类根据电子光学原理，用电子束和电磁透镜代替光束和光学透镜，观察物质的超微结构乃至原子图像的仪器。1931 年，德国科学家克诺尔和卢斯卡发明了第一台电子显微镜（electron microscope）。1939 年，西门子公司制造出分辨率达 3nm 的世界上最早的实用电子显微镜。电子显微镜经过改进和发展，已成为生命科学、物理、化学和材料科学等领域的重要研究工具。目前最常用的是透射电子显微镜和扫描电子显微镜。

（一）透射电子显微镜

透射电子显微镜（transmission electron microscope，TEM）的光路与普通光学显微镜相仿，可以看到在光学显微镜下无法看清的小于 0.2nm 的细微结构，放大倍数可从几十倍连续变化到几十万倍。透射电子显微镜是由电子枪发射的高速电子束经高压加速和聚光透镜的聚焦，然后穿过样品再经过多级电磁透镜（物镜、中间镜、投影镜）放大，最后将高度放大的图像显示在荧光屏上或记录在照相装置中。透射电子显微镜样品的制作较为关键，包括取材、固定、脱水、浸透、包埋聚合、超薄切片（一般厚度为 50～80nm）、染色等步骤。

（二）扫描电子显微镜

扫描电子显微镜（scanning electron microscope，SEM）也是利用高能电子束充当光源的大型显微分析设备。扫描电子显微镜的高速电子束并不穿过样品，仅作用于样品表面，在样品表面进行逐点逐行的光栅扫描。扫描电子显微镜配有电子信息检测器，可检测样品表面被电子探针激发的不同电子信号，在获取到样品表面结构形貌特征或化学组成信息后，经信号放大，呈现在显像屏上。

扫描电子显微镜由电子光学系统、信号接收转换系统、图像显示记录系统组成。其样品制备包括材料的表面清洁、固定、脱水、干燥、导电处理等步骤。因扫描电子显微镜注重样品表面形貌观察，具有很强的立体感和三维效果。

普通光学显微镜的基本结构和功能

普通光学显微镜是最常用的一种光学显微仪器，在医学教学、科研及临床工作中使用的普通光学显微镜有直立式和倾斜式（图 1-1）两类，均由机械部分、照明部分及光学部分组成。

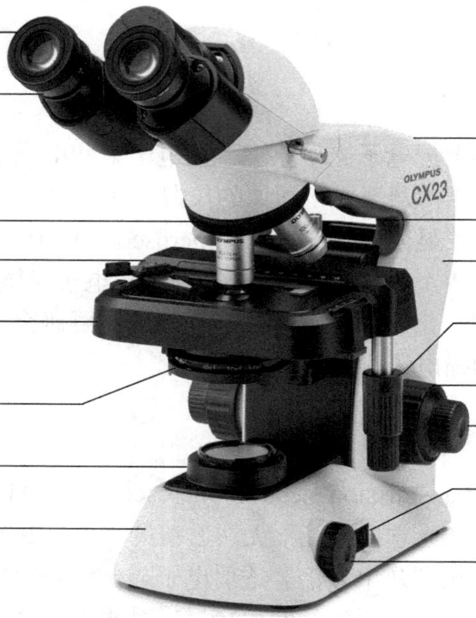

图 1-1　光学显微镜结构示意图

一、机械部分

（一）镜座

镜座位于显微镜的最下方，是显微镜的基座，起支持和稳定镜体的作用。

（二）镜柱

镜柱是与镜座和镜臂相连的垂直结构，其上装有调焦装置。

（三）调焦装置

调焦装置位于镜柱上，呈同心圆式排列，包括粗调焦旋钮和细调焦旋钮。调焦装置的功能是调节焦距，粗调焦旋钮可使镜台较快速度地升降，旋转一圈可使载物台升降 10mm，适用于低倍镜调焦；细调焦旋钮可使镜台缓慢升降，旋转一圈可使载物台升降 0.1mm，用作较精细的调节，适用于高倍镜、油镜和分辨物像清晰度调焦。

（四）镜臂

镜臂支撑镜筒和载物台，是手握提显微镜的结构，位于镜柱上方，略呈弓形。

（五）镜筒

镜筒是位于镜臂上方的圆筒，上端安装目镜，下端连接物镜转换器。光镜镜筒分单筒式（可分直立式和倾斜式）和双筒式两种，目前多为倾斜式双筒式镜筒。国际上显微镜标准镜筒长度为 160mm。

（六）物镜转换器

物镜转换器装在镜筒下方，呈圆盘状，有 3～4 个物镜螺旋口，可安装不同放大倍数的物镜。物镜应按放大倍数高低顺序依次排列，旋转物镜转换器时，不应用手指推动物镜，因为长时间推动物镜容易使光轴歪斜，影响成像质量。

（七）载物台

载物台是位于镜臂前方的方形或圆形平台，用以放置玻片标本。方形载物台面积一般为 120mm×110mm，中央有一通光孔，载物台上装有标本夹和推片器，既可固定标本又可前后左右移动，推片器上有纵横游标尺，可利用游标尺上的刻度作为标记，以便寻找物像，也可用于测量标本的大小。

二、照明部分

显微镜的照明装置由光源、反光镜、聚光器和光圈等部分组成。

（一）光源

显微镜有自带光源和不带光源两种。前者采用电光源照明，电光源灯一般装在镜座内或镜座后的灯壳中，可以使用镜座侧面的调光旋钮调节光源强度；后者采用自然光源或人工外光源照明。

（二）反光镜

反光镜（mirror）装在镜座上，可向各个方向转动，是一个可随意转动的双面镜，把光线反射入聚光镜。反光镜的一面是平面镜，另一面是凹面镜。平面镜具有反射光线能力，一般在较强光线时使用。凹面镜既有反光作用也有聚光能力，适用于较弱光和散射光。内置光源的光学显微镜不需要反光镜。

（三）聚光器

聚光器位于通光孔下方的聚光器支架上，由一组透镜组成，可使反光镜反射的光线或内置光源发出来的光线集中于标本上，起汇聚光线的作用。在镜柱的左侧面有一聚光器升降螺旋，可使聚光器升降。聚光器上升时光线增强，下降时光线减弱。一般聚光镜的焦点在其上方 1.25mm 处。

（四）光圈

光圈（diaphragm）又叫可变光阑，位于聚光器下方，由十几张金属薄片组成，中心部分形成圆孔，可调节光强度，使聚光镜的数值孔径与物镜的数值孔径相适应。侧面有一光阑小柄，拨动小柄可使光圈扩大或缩小，以调节进光量。

三、光学部分

（一）目镜

目镜（ocular）安装在镜筒的上端，由上下两组透镜组成。目镜上刻有 5×、10×、40×等符号，表示其放大倍数。有的目镜筒内安置有一指针，用于指示视野中观察物像的部位，以利示教和提问。

（二）物镜

物镜（objective）装在物镜转换器下方，是决定显微镜性能的重要部件，根据物镜与被检标本之间的介质不同可分为干燥物镜、浸液物镜，依放大倍数不同分为低倍镜、高倍镜和油镜。低倍镜短，数值孔径一般为 0.25，放大倍数一般为 10×；高倍镜较长，数值孔径一般为 0.65，放大倍数为 40×、45×或 60×；油镜最长，数值孔径一般为 1.25，放大倍数为 100×。通常在物镜上刻有相应的标记，如在 10 倍的物镜上刻有 10/0.25 和 160/0.17。10 表示物镜放大倍数，0.25 表示镜口率，160 表示镜筒长度，0.17 表示盖玻片厚度，两者的单位均为毫米。

镜口率又称数值孔径（numerical aperture，NA），可反映物镜分辨力的大小，数字越大表示分辨力越高，一般 10×物镜的 NA 为 0.25，40×物镜的 NA 为 0.65，100×物镜的 NA 为 1.25（$NA=n\cdot\sin\theta$，其中 n 为介质的折射率，$\sin\theta$ 为透镜视锥半顶角的正弦值）。

显微镜的总放大倍数等于目镜和物镜放大倍数的乘积。如目镜 10×、物镜 100×，则放大倍数为 10×100＝1000 倍。

光学显微镜的使用方法

在使用显微镜时，应右手握镜臂左手托镜座，从镜盒中取出显微镜轻放在自己座位左前方的实验台上，距离实验台边缘 6～10cm 处为宜。直立式显微镜可使用倾斜关节，让镜筒略向自己倾斜（不能超过 45°）以便观察。

一、低倍镜的使用

（一）对光

先转动粗调焦旋钮使镜筒升高，再旋转物镜转换器使低倍镜对准通光孔（可听到轻微的咔哒声）。然后打开光圈，上升聚光器，双眼睁开，左眼对准目镜观察，双手并用，左手调焦，右手移片或绘图。转动反光镜，直到视野内光线明亮均匀。

带有内置光源的显微镜直接打开光源开关，旋转调光旋钮。

（二）放标本

取一张玻片标本，认清标本的正反面，将正面朝上，用标本夹固定标本，然后移动玻片，将要观察的标本对准通光孔的中央。

（三）调焦

从侧面注视低倍镜物镜，转动粗调焦旋钮使低倍镜距玻片标本约 0.5cm。然后用左眼观察视野，向相反的方向缓慢转动粗调焦旋钮，使低倍镜慢慢上升，当视野中出现物像时再用细调焦旋钮调节，直到物像清晰为止。

如果按上述操作步骤仍看不到物像时，可能有以下原因：①转动粗调螺旋太快，超过焦点，应按上述步骤重新调节焦距；②物镜没有对正，视野黑暗，应对正后再观察；③标本没有放到视野内，应移动标本寻找观察对象；④光线太强，特别是观察透明标本或没有染色的标本时容易出现这种现象，应将光线调暗一些之后再行观察。

二、高倍镜的使用

1. 先在低倍镜下找到物像，然后将要放大观察的部分移至视野正中央，并调清晰。

2. 从侧面注视，移走低倍镜转换高倍镜。

3. 从目镜中观察，可见视野中有不太清晰的物像，此时慢慢地转动细调焦旋钮即可见到清晰的物像。注意使用高倍镜时不要随意转动粗调焦旋钮，以免镜筒下降幅度大而损坏标本或镜头。

如果按上述操作看不到物像，应该检查可能的原因：①目的物不在视野中，可能是低倍镜下没有将其移至视野正中；②低倍镜的焦距是否调好；③玻片标本是否放反；④物镜是否松动或有污物。

三、油镜的使用

1. 在高倍镜下将拟用油镜观察的目的物移至视野正中央。

2. 调节聚光器和光圈，选择最适光线。

3. 旋转物镜转换器移走高倍镜，眼睛注视侧面，在欲观察玻片标本的部位上滴一滴香柏油，转换油镜使油镜镜头浸在油滴中。

4. 一般情况下，转过油镜即可看到物像，若不清楚，可慢慢上下转动细调焦旋钮直至出现清晰的物像。

5. 观察完毕，下降载物台，将油镜转出，先用擦镜纸擦去镜头上的油，再用擦镜纸蘸少许清洗剂或二甲苯擦去镜头上残留的油迹，再用干净拭镜纸擦净。

6. 无盖片的标本不能擦，以免损坏标本。临时制片因有水分，不宜用油镜观察。

四、显微镜还原

显微镜使用完毕，应将各部分还原，取出标本，转动物镜转换器，使物镜镜头不与通光孔相对，下降镜筒，保护好光学和照明系统，清洁好机械部分，放回柜内或镜箱。

标本的观察与操作练习

取待观察（如家兔肌肉、肝脏、肾脏或蛙鳞状上皮等）切片标本，按照上述显微镜的正确使用方法，反复练习低倍镜和高倍镜的使用，为以后的实验打好基础。

作业与思考

1. 怎样区分低倍镜、高倍镜和油镜？错用物镜可能会造成什么后果？
2. 如何调节视野内的光线强度？
3. 使用显微镜观察标本，为什么一定要从低倍镜到高倍镜再到油镜的顺序进行？
4. 如果在高倍镜下未看到物像，可能有哪些原因？应该怎样解决？
5. 在转动细调焦旋钮时，若已达极限不能转动应该采取什么措施？

扫一扫 看答案

【附】使用显微镜的注意事项

1. 取放显微镜时，注意要轻拿轻放，一定要一手握镜臂，一手托镜座，切勿单手斜提，以免碰坏显微镜或造成零部件脱落。
2. 显微镜不可放置在实验台边缘，以防碰翻落地。
3. 使用前要检查，若发现缺损或使用时损坏，应立即报告指导教师。
4. 放置玻片标本时应将有盖玻片的一面向上，否则在使用高倍镜和油镜时，将找不到物像，同时又易损坏玻片标本和镜头。临时制片要加盖玻片，由于含有水分，易于流动，镜台需平放。观察永久性玻片标本时，倾斜关节不得超过45°，若因事需离开座位，必须将倾斜关节复原。
5. 不得随意取出目镜或拆卸零部件，以防灰尘落入或丢失损坏等。
6. 使用显微镜时，应该养成正确的操作习惯，两眼睁开，两手并用，边观察、边记录、边绘图。

7. 维护显微镜清洁。机械部分如有灰尘、污物等，可用绸布擦净。光学和照明部分的镜面，只能用擦镜纸轻轻擦拭，切不可用手指、手帕和绸布等擦抹，以免磨损镜面。
8. 显微镜使用完毕后，应取下玻片标本，下降镜筒，将物镜头与通光孔错开，垂直反光镜，下降聚光器，复原倾斜关节，然后放回镜盒。

（川北医学院　蔡晓明）

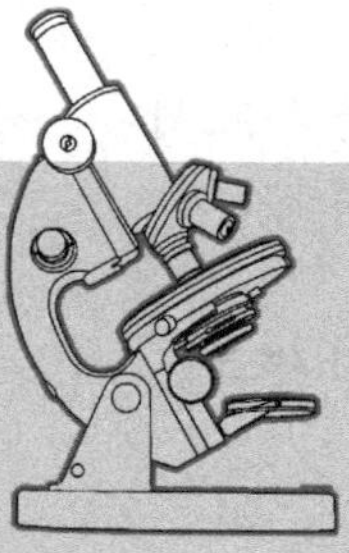

实验二

光学显微镜下的细胞形态结构观察

实 验 目 的

1. 掌握动、植物细胞的基本结构。
2. 熟悉临时装片的制备方法。
3. 训练光学显微镜下绘图的能力。

实 验 用 品

一、器材

显微镜、目镜测微尺、物镜测微尺、剪刀、镊子、平皿、单面刀片、消毒牙签、纱布、吸水纸、擦镜纸。

二、材料

人口腔黏膜上皮细胞、洋葱、家兔骨骼肌和平滑肌纵切片、大蟾蜍及人血等。

三、试剂

1%革兰氏碘液、1%伊红染液。

实 验 内 容

一、实验原理

细胞是生命的基本结构和功能单位。虽然构成不同组织器官的细胞形态、大小和功能各不相同，但其微观结构相同。植物细胞由细胞壁（cell wall）、细胞膜（cell membrane）、细胞质（cytoplasm）及细胞核（nucleus）四个部分组成，而动物细胞则由细胞膜、细胞质和细胞核三个部分组成。

临时制片是快速观察活细胞的有效方法，但细胞不同部分与染料的亲和力有差异，所以，采用革兰氏碘液或伊红染液可将细胞的不同部分染成不同颜色，便于观察者在光学显微镜（简称光镜）下区分细胞的形态结构。

二、洋葱鳞叶表皮细胞标本的制备与观察

（一）洋葱鳞叶表皮细胞标本的制备

取一干净的载玻片，左手拇指和食指夹住载玻片的两侧，用纱布擦拭，将擦净的载玻片放于实验桌上。再取一盖玻片，用纱布轻轻擦拭（因盖玻片很薄，极易损坏，擦拭时需特别小心），若盖玻片有污斑，可滴少量乙醇于其上再擦，擦好后放于载玻片的一端。取1%革兰氏碘液滴于载玻片中央，用解剖镊在洋葱鳞叶内侧撕下约0.5cm×0.5cm的表皮，放于载玻片中央的染液内，若产生皱褶，可用镊子展平，然后加盖玻片（注意不要产生气泡），作成临时装片。

（二）观察

将做好的洋葱鳞叶表皮细胞临时装片置于低倍镜下观察，可见洋葱鳞叶表皮由许多略呈长方形的细胞组成（图2-1，图2-2）。细胞外有一层较厚的、由纤维素组成的细胞壁，这是植物细胞的主要特征之一。细胞核呈圆形或卵圆形，位于细胞中央或靠近细胞边缘。

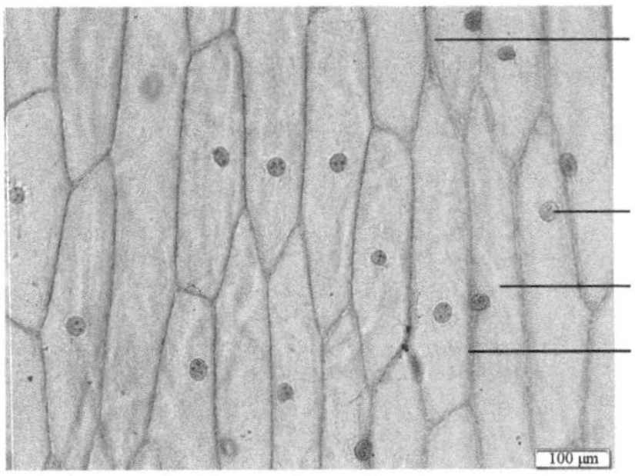

图2-1　光镜下洋葱鳞叶表皮细胞

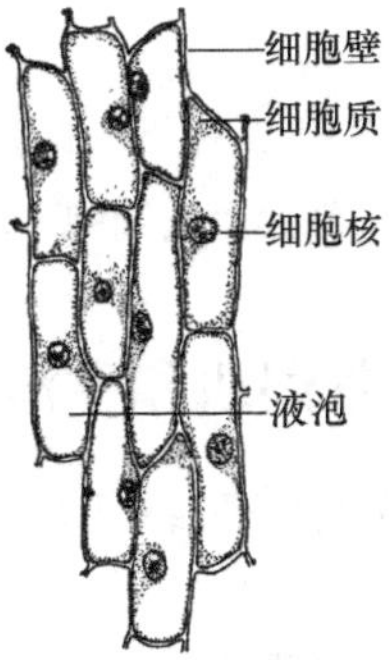

图2-2　绘制洋葱鳞叶表皮细胞结构示意图

将铺展良好、染色适中的洋葱鳞叶表皮细胞移到视野中央，再换高倍镜观察。在细胞核内可看到1～2个折光率较强的圆形核仁（nucleolus）。细胞膜位于细胞壁的内侧，但两者紧密相贴，在一般光学显微镜下不易分辨。细胞膜与细胞核之间是细胞质，在细胞质内可见有液泡（vacuole）分布，其内充满了清澈明亮的细胞液（cell sap）。

三、人口腔黏膜上皮细胞标本的制备及观察

（一）人口腔黏膜上皮细胞标本的制备

取载玻片和盖玻片各一张，擦拭干净后在载玻片中央滴一滴1%伊红染液。再

取消毒牙签一根轻轻刮取口腔颊部或下唇内侧的黏膜上皮，然后将取得标本的牙签置于载玻片中央的伊红染液内搅动几下制成细胞悬液，盖上盖玻片，染色5min。

（二）观察

将做好的人口腔黏膜上皮细胞临时装片置于低倍镜下观察，可见许多被染成浅伊红色，呈不规则形、扁平椭圆形或多边形的细胞，单个或多个连在一起，这就是口腔黏膜上皮细胞。选择染色清晰且无重叠的细胞移至视野中央，换高倍镜继续观察。在高倍镜下可见人口腔黏膜上皮细胞中央有一卵圆形的细胞核，细胞质较均匀（图2-3，图2-4）。与洋葱鳞叶表皮细胞比较，两者有何异同？

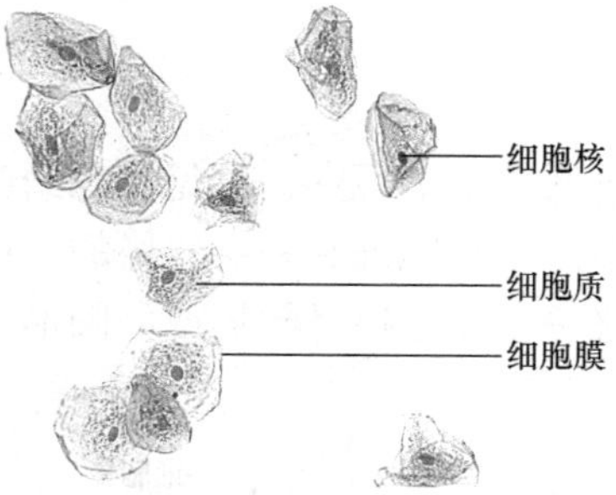

图2-3 光镜下人口腔黏膜上皮细胞

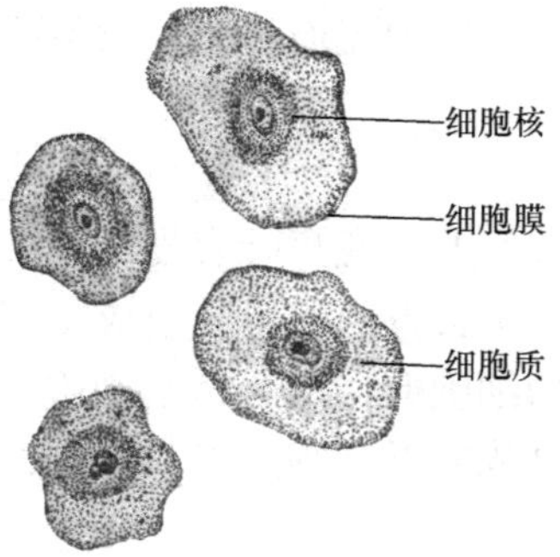

图2-4 绘制人口腔黏膜上皮细胞结构示意图

四、家兔骨骼肌和平滑肌细胞的观察

取家兔骨骼肌纵切片置于低倍镜下观察，可见肌细胞呈圆柱形，其内有许多细胞核（图2-5）。

取家兔平滑肌纵切片置于低倍镜下观察，可见平滑肌细胞为长梭形，其内有一个细胞核，位于细胞的中央（图2-6）。

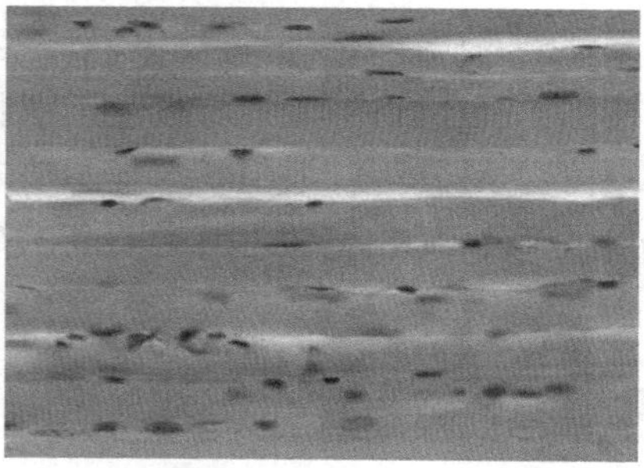

图2-5 光镜下家兔骨骼肌纵切片

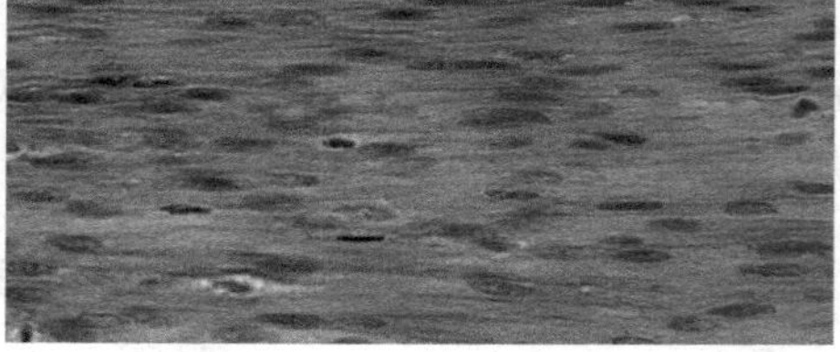

图2-6 光镜下家兔平滑肌纵切片

五、血涂片标本的制备及观察

打开大蟾蜍胸腔，剪开心脏取一小滴血置于载玻片一端，另取一张推片（选择边缘平直光滑的载玻片代替），将平滑洁净的一端平置玻片上紧贴血滴前缘，呈 45° 平稳地向前推，使血液在载玻片上形成一层均匀的、薄薄的血膜，晾干。置低倍镜下观察，可见大蟾蜍血细胞呈椭圆形，细胞质浅红色，细胞核呈椭圆形（图 2-7）。

取人血一小滴，制片方法同前，在显微镜下观察，可见人血红细胞为双凹圆盘形，没有细胞核。白细胞核呈分叶状（图 2-8）。

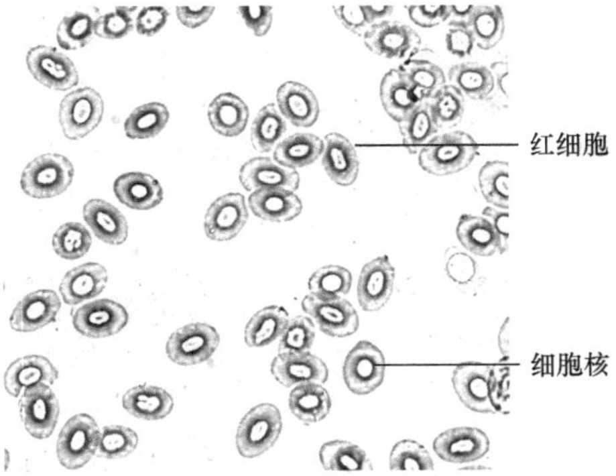

图 2-7　大蟾蜍血涂片
（示大蟾蜍血细胞）

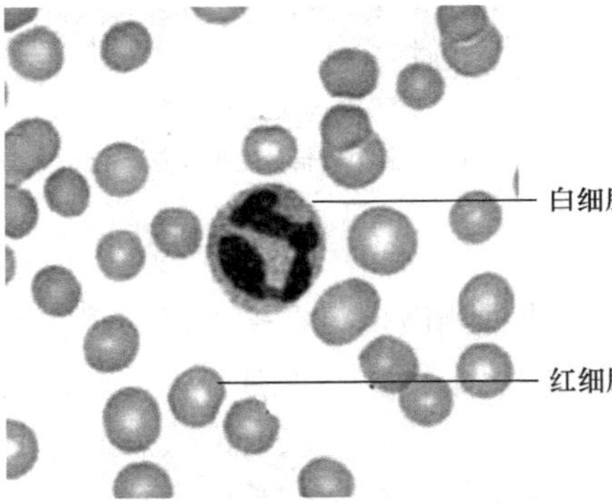

图 2-8　人血涂片

六、脊髓压片、涂片的制备及观察

取一只小白鼠（*Mus musculus*），用剪刀剖开颈部皮肤，去除肌肉，露出颈椎。用剪刀从第一颈椎除去头部，剪开椎管，可见乳白色的脊髓。取脊髓一段（约 0.5cm）放于平皿内，用磷酸缓冲液（PBS，pH7.0）洗去血迹放于载玻片上，将另一载玻片压于其上，用拇指挤压标本。将上面的载玻片抽去，即得压片。在压制的标本上滴几滴甲苯胺蓝染液，染色 10min，盖上盖玻片，用吸水纸吸去多余染液，在显微镜下观察。染色较深的是神经胶质细胞，无突起。染成蓝灰色、有突起的是脊髓前角运动细胞，多呈三角形或星形（图 2-9）。

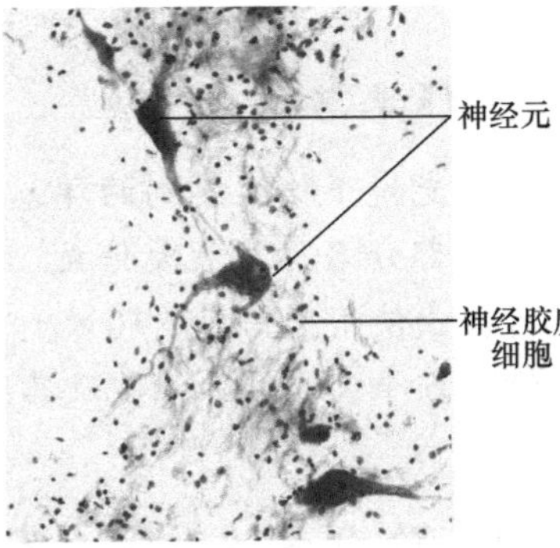

图 2-9　脊髓神经细胞图

七、测微尺的使用

测微尺分目镜测微尺和物镜测微尺（图 2-10），两者配合使用可以测量细胞大小。目镜测微尺是一个放在目镜内的玻璃圆片，圆片中央刻有一条直线，此线分为若干格，每格所代表的长度随不同物镜的放大倍数而定，因此，在使用前必须用物镜测微尺来测定。物镜测微尺是一片载玻片中央封固的小尺，长 1mm，被分为 100 格，每格长 10μm。

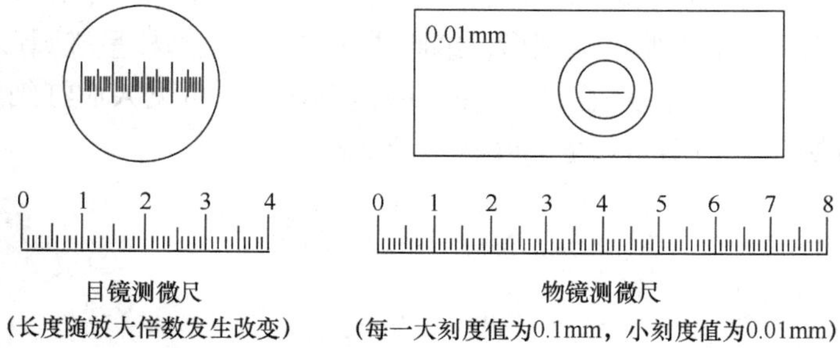

图 2-10 测微尺的示意图

将物镜测微尺放在显微镜的载物台上，小心转动目镜测微尺，移动物镜测微尺，使两尺平行，零点对齐，记录目镜测微尺格数所对应的物镜测微尺的格数，按下式求出目镜测微尺每格代表的长度。

目镜测微尺每格的长度＝目镜测微尺格数所对应的物镜测微尺格数÷目镜测微尺格数×10μm

例如，目镜测微尺是 100 格，其对应的物镜测微尺是 80 格，则目镜测微尺每格代表的实际长度为（80/100）×10＝8μm。测量某一细胞时，如果目镜测微尺测得其横径为 5 格，则此细胞横径为 8×5＝40μm。

作业与思考

1. 绘制光镜下你观察到的洋葱鳞叶表皮细胞及人口腔黏膜上皮细胞结构图，注明各部分名称及放大倍数。
2. 计算出使用低倍镜（10×）、高倍镜（40×）的目镜测微尺每格代表的长度。
3. 测量 5 个大蟾蜍血细胞及其细胞核的长、短径，分别求出长、短径的平均值。

扫一扫 看答案

【附 1】绘图方法和注意事项

1. 每个学生必须在课前准备好黑色 2B 和 HB 铅笔各一支，橡皮擦、直尺或三角板、削笔刀、绘图纸等。
2. 绘图必须真实准确，整洁明了，各部分比例应与标本一致。认真观察标本后，方可开始绘图。绘图不得潦草，更不能抄袭书上或他人的图。

3. 只在绘图纸的一面绘图，每幅图的大小、位置必须分配适当，布局合理。图的位置一般偏于纸的左侧，右侧作标志线和注字，一般较大的图每页绘一个，较小的图每页可绘 2～3 个。
4. 铅笔应经常保持尖锐，绘图时，先用 HB 铅笔把标本轮廓及主要部分轻轻绘出，然后添加各部分详细结构，再加以修改，核实与所描绘的标本准确无误后，再用 2B 铅笔以清晰的线条绘出全图，不必要的笔画用橡皮擦去。
5. 用线条表示图的范围，圆点表示明暗或浓淡，线条的粗细要均匀，点要圆润。
6. 绘图纸上所有的字必须用铅笔写出，字迹不可潦草，注字排列整齐，标志线应水平伸出，各标志线不能交叉，图的名称标在该图的下方，标出放大倍数。

【附 2】试剂的配制

1. 1%革兰氏碘液　碘化钾 2g、碘 1g，将其溶于 300ml 蒸馏水中。
2. 1%伊红染液　伊红 1g，溶于 100ml 蒸馏水中。

（川北医学院　宋桂芹　王　婉）

实验三

核酸成分的检测

实 验 目 的

1．掌握 Feulgen 染色及甲基绿-派洛宁染色的基本原理。
2．熟悉原位检测核酸的方法。
3．了解细胞内核酸的分布。

实 验 用 品

一、器材

显微镜、镊子、载玻片、纱布、吸水纸、擦镜纸。

二、材料

大蟾蜍。

三、试剂

Schiff 试剂、Carnoy 固定液、1mol/L HCl、5%三氯乙酸、甲基绿-派洛宁染液。

实 验 内 容

核酸包括 DNA 和 RNA，DNA 主要分布在细胞核内，RNA 主要分布在细胞质及核仁内，可用不同的染色方法确定它们的存在。

一、DNA 的原位显示

（一）实验原理

DNA 的基本组成单位是脱氧核苷酸，用稀盐酸水解组织细胞中的 DNA，可打开 DNA 中“嘌呤-脱氧核糖”间的化学键，使脱氧核糖的一端形成游离的醛基。游离醛基与 Schiff 试剂（无色品红亚硫酸钠溶液）反应，使细胞内含有 DNA

的部位呈现紫红色，其他物质不着色。因该法由 Feulgen 首创，故称为 Feulgen 反应。

（二）实验步骤

1. 处死大蟾蜍后，打开体腔，小心地在心脏尖端剪一小口，让血液流出。然后取干净的载玻片，在一端蘸取少许血液，与另一载玻片一端约呈45°角，向另一端推去，制成血涂片，室温晾干。

2. 将大蟾蜍血涂片标本浸于70%乙醇中固定5min，清水冲洗后浸入1mol/L HCl（Ⅰ）的玻璃缸中，室温水解2～3min。

3. 将血涂片换至 1mol/L HCl（Ⅱ）的玻璃缸中，在60℃水浴箱中水解8min，然后再移至1mol/L HCl（Ⅰ）的玻璃缸中，室温水解2～3min，清水冲洗。

4. 将血涂片插入 Schiff 试剂染缸中染色 30min，清水冲洗。

5. 将制备好的标本玻片放在显微镜下观察，可见细胞核被染成紫红色，说明 DNA 主要分布在细胞核内。

另设对照组，对照组预先用5%三氯乙酸或 DNA 酶处理，抽提去除细胞中的 DNA 后，再加 Schiff 试剂染色，呈现阴性反应。

二、DNA 的原位显示

（一）实验原理

甲基绿-派洛宁（methyl green-pyronin）为碱性染料，能分别与细胞内的 DNA、RNA 结合呈现不同颜色。当甲基绿-派洛宁作为混合染料时，DNA 与甲基绿亲和力大，故甲基绿与 DNA 选择性结合显示绿色或蓝色；RNA 与派洛宁亲和力大，故派洛宁与 RNA 选择性结合显示红色。其原因可能是两种染料的混合染液有竞争作用，同时两种核酸分子都是多聚体，而其聚合程度有所不同。甲基绿易与聚合程度高的 DNA 结合呈现绿色，而派洛宁则与聚合程度较低的 RNA 结合呈现红色（但解聚的 DNA 也能与派洛宁结合呈现红色）。

（二）实验步骤

1. 大蟾蜍血涂片标本制备及固定同前。

2. 在已固定晾干的血涂片上滴加甲基绿-派洛宁混合染液，染色 10～15min，清水冲洗。

3. 将制好的标本片放在显微镜下观察，可见细胞核被染成蓝绿色，核仁和细胞质被染成红色。说明 RNA 主要分布在核仁区域及细胞质中，而 DNA 主要分布在细胞核内。

作业与思考

1. 利用 Schiff 试剂检测核酸成分是什么原理？
2. 甲基绿-派洛宁染液的染色原理是什么？

扫一扫 看答案

【附】试剂的配制

1. Schiff 试剂配制　将 200ml 蒸馏水加入三角瓶中煮沸，然后加入碱性品红 1g，充分搅拌，有助于溶解。待溶液冷到 50℃时，过滤到磨口棕色瓶中，加入 1mol/L HCl 20ml。冷却到 25℃时加入 1g 偏重亚硫酸钠（$Na_2S_2O_5$）或偏重亚硫酸钾（$K_2S_2O_5$），充分振荡后盖紧瓶塞，放于暗处过夜，使颜色退至淡黄色或近于无色。使用前加中性活性炭 0.5g，剧烈振荡 1min，过滤后即成无色品红亚硫酸钠或亚硫酸钾染液（若液体为粉红色，则不能使用）。

   无色品红染液配成后需塞紧瓶塞，外包黑布或黑纸，贮存在冰箱或低温黑暗处。
2. 甲基绿-派洛宁试剂配制

   （1）染色剂 A 液的配制：A 液配制有两种方法，可根据购买的原料不同来选择。

   第一种：取甲基绿-派洛宁粉 1g，加到 100ml 蒸馏水中溶解，然后用滤纸过滤，将滤液放入棕色瓶中备用。

   第二种：取甲基绿 1g 溶于 49ml 蒸馏水中，取派洛宁（又名吡罗红 G）2.5g 溶于 47.5ml 蒸馏水中。取 6ml 甲基绿溶液和 2ml 吡罗红 G 溶液加入到 16ml 蒸馏水中，即为 A 液，放入棕色瓶中备用（注意：用于核酸染色的是吡罗红 G，而不是吡罗红 B）。

   （2）染色剂 B 液的配制：B 液是一种缓冲液，由乙酸钠和乙酸混合而成。先取乙酸钠 8.2g，用蒸馏水溶解至 500ml 备用；再取乙酸 6ml，用蒸馏水稀释至 500ml 备用。取配好的乙酸钠溶液 30ml 和稀释的乙酸 20ml，加蒸馏水 50ml，配成 pH4.8 的 B 液（缓冲液）。

   （3）染色液的配制：染色液由 A 液和 B 液混合而成。取 A 液 20ml 和 B 液 80ml 混合成实验中使用的甲基绿-派洛宁染液（注意：该染液应现用现配）。

（川北医学院　杨俊宝）

实验四

细胞器及细胞骨架标本的制备与观察

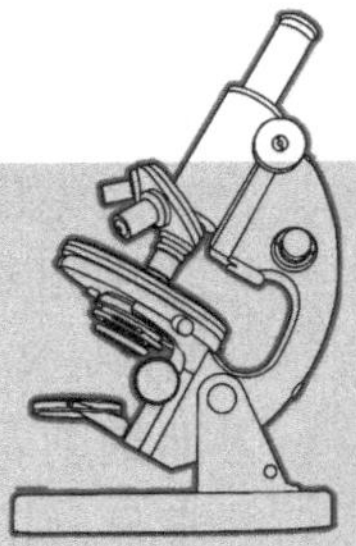

实 验 目 的

1. 掌握临时制片方法。
2. 熟悉细胞骨架的染色原理和显示方法。
3. 了解光学显微镜下识别高尔基复合体、中心体、线粒体等方法。

实 验 用 品

一、器材

显微镜、恒温水浴箱、解剖镊、解剖针、手术剪、载玻片、盖玻片、青霉素小瓶、吸管、吸水纸、擦镜纸、白布、白绸。

二、材料

洋葱、体外培养的动物细胞、家兔脊神经节切片、马蛔虫子宫横切片、小白鼠十二指肠横切片。

三、试剂

Janus green、6mmol/L 磷酸缓冲液（PBS，pH6.5）、M-缓冲液、1% Triton X-100 液、3%戊二醛、0.2%考马斯亮蓝 R250 染液、香柏油、二甲苯等。

实 验 内 容

一、洋葱鳞叶表皮细胞骨架的显示与观察

（一）实验原理

在真核细胞的细胞质中存在着由微丝（microfilaments，MF）、微管（microtubule，MT）和中间纤维（intermediate filament，IF）等交织形成的一个十分复杂的立体网络结构，即细胞骨架。它们对于细胞形状的维持、细胞内物

质运输、细胞内各结构相对位置的固定都有重要作用。目前可利用电子显微镜、间接免疫荧光技术、酶标技术及组织化学技术来显示和研究细胞骨架。本实验利用组织化学方法显示细胞骨架的蛋白质成分，即用适量的非离子去垢剂 Triton X-100 处理洋葱鳞叶内表皮细胞，溶解质膜和细胞内的许多非骨架蛋白质，而细胞骨架系统的蛋白质不受影响。经戊二醛固定和考马斯亮蓝染色后，在光学显微镜下可观察到细胞内以蛋白质为主要成分的网状结构。

（二）植物细胞骨架标本的制备

1．撕取洋葱鳞茎中层鳞叶的内表皮，剪成约 0.5cm×0.5cm 的小片，浸入盛有 6mmol/L 磷酸缓冲液（PBS，pH6.5）的小瓶中，5min 后吸去缓冲液，加入 1% Triton X-100（聚乙二醇辛基苯醚），置于 37℃温箱中处理 20min，抽提掉细胞骨架以外的蛋白质。

2．用吸管吸尽 Triton X-100 液，加入 M-缓冲液洗涤 2 次，每次 5min，以稳定细胞骨架。

3．吸弃 M-缓冲液，加入 3%戊二醛固定液，固定 10min 后吸去固定液，再用 6mmol/L 的 PBS 洗涤 2 次，每次 5min。

4．吸尽缓冲液，滴加 0.2%考马斯亮蓝染液染色 5min，用蒸馏水洗涤 2～3 次，取出标本平放于载玻片上，盖上盖玻片。

（三）观察

将制备的洋葱鳞叶表皮细胞骨架标本置于显微镜下观察，在光学显微镜下可见有些表皮细胞着色极淡，其中被染成深蓝色的丝网状结构即为细胞骨架，有的细胞中核的周围还可见到一些放射状分布的细丝（见图 4-1）。

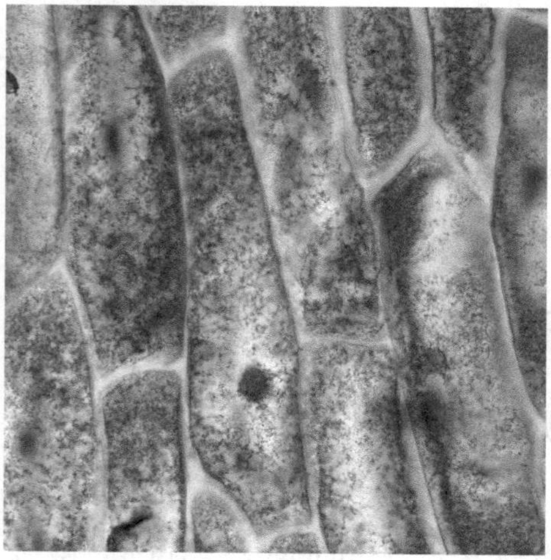

图 4-1 洋葱鳞叶表皮细胞（示细胞骨架）

二、动物细胞骨架标本的制备与观察

（一）动物细胞骨架标本的制备

1．将清洁无菌的盖玻片放入 25ml 培养瓶中，在无菌条件下接种 3～5ml 细胞悬液，盖紧瓶塞，置 37℃恒温箱内培养，24h 后细胞将贴附到盖玻片上。

2．取出盖玻片放在小培养皿中，用 PBS 洗涤 3 次。

3．滴加 1% Triton X-100 于盖玻片上，铺满盖玻片（或将盖玻片浸入盛有

1% Triton X-100 的小瓶中），置 37℃恒温箱内处理 15～20min，清除细胞骨架以外的蛋白质。

4．立即用 M-缓冲液（有稳定细胞骨架作用）轻轻洗涤细胞 3 次，每次 3min。

5．将盖玻片浸入 3%戊二醛溶液中，处理 10min 左右，使细胞固定。

6．用 PBS 将盖玻片上的细胞洗涤 3 次，再用吸水纸吸去多余的液体。

7．往盖玻片上滴加 0.2%考马斯亮蓝 R250 染液数滴，染色 30～60min。

8．小心地用蒸馏水冲洗盖玻片，空气中干燥。

（二）观察

将制备的动物细胞骨架标本置于显微镜下观察。可见细胞中分布着许多被染成蓝色的纤维，它们是由微丝集聚而成的微丝束，即张力纤维。大多数沿细胞的长轴方向分布，在呈多角形的细胞中则可见到这些纤维的交叉分布，甚至交织成网状结构。

三、高尔基复合体的观察

取家兔脊神经节切片，置低倍镜下观察，可见到许多淡黄色呈椭圆形或不规则形状的神经细胞。选择神经细胞较为集中的区域，换高倍镜观察，可看到大小不等的神经细胞（但这些细胞不是排列在同一平面上），有的细胞中央有一染色很浅或几乎无色的圆形泡状的细胞核，有的细胞核内还可见到被染成橙黄色的核仁。在细胞核周围的细胞质中，有被染成深褐色呈弯曲的线状、粒状或网状的高尔基复合体（Golgi complex）（图 4-2）。

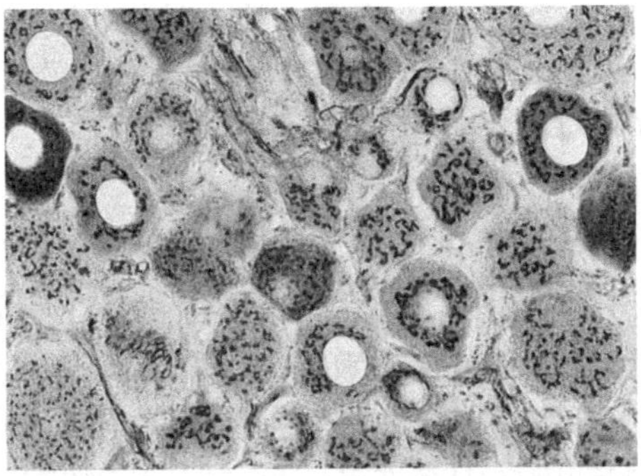

图 4-2　家兔脊神经节细胞（示高尔基复合体）

四、中心体的观察

取马蛔虫（*Parascaris equorum*）子宫横切片，在低倍镜下寻找分裂中期或后期的受精卵细胞，然后换高倍镜观察，可见细胞中央有深蓝色条状的染色体（chromosome）。在染色体两侧，各有一深蓝色的圆形小粒——中心体（centriole）。在光学显微镜下观察到的中心体由中央的中心粒和周围的致密物质中心球（centrosphere）组成。在中心体周围还可看到许多纤细的、呈辐射状分布的星射线（图 4-3）。

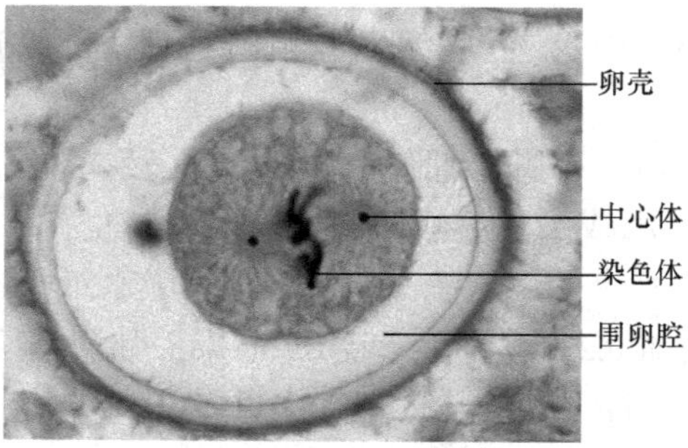

图 4-3 马蛔虫受精卵细胞中期细胞（示中心体）

五、线粒体标本的制备与观察

（一）人口腔黏膜上皮细胞线粒体标本的制备与观察

1. 线粒体标本的制备　取一干净的牙签，刮取口腔黏膜上皮细胞（注意尽量取深部细胞）均匀涂于载玻片上，然后滴几滴 Janus green 染液，在 30℃下染色 15min，盖上盖玻片，制成临时装片。

2. 观察　将制成的临时装片置于显微镜下，可见细胞核被染成红色，细胞质中有许多被染成浅绿色呈颗粒状、棒状或线条状的结构，即线粒体（mitochondrion）（图 4-4）。

（二）小白鼠十二指肠上皮细胞线粒体标本的观察

取小白鼠十二指肠横切片，在低倍镜下观察，可见肠管内壁向肠腔中突出，形成许多指状的皱襞。换高倍镜观察，可见这些皱襞由许多界限不清楚的柱状上皮细胞构成，在柱状细胞中央有一椭圆形的细胞核。再换油镜观察，可见其两端的细胞质中有许多蓝色的线状或颗粒状的线粒体（图 4-5）。

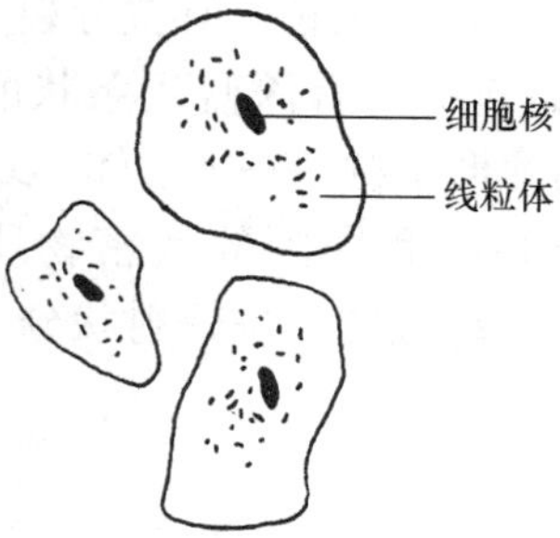

图 4-4 人口腔黏膜上皮细胞示意图（示线粒体）

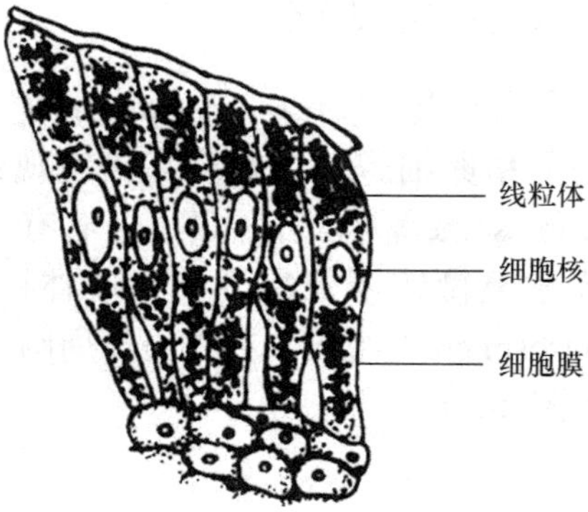

图 4-5 小白鼠十二指肠上皮细胞（示线粒体）

作业与思考

1. 绘马蛔虫受精卵细胞，注明各部分名称。
2. 在观察洋葱鳞叶内表皮细胞骨架时，若在镜下看见的不是蓝色丝状物而是密密麻麻的蓝色小点，请你分析其中的原因。
3. 马蛔虫子宫横切片中的中期细胞有何特点？如何寻找？
4. 观察人口腔黏膜上皮细胞的线粒体实验中，为何要取深层细胞？取浅层细胞可以吗？为什么？

扫一扫 看答案

【附】试剂的配制

1. Janus green 染液　詹纳斯绿（Janus green）0.2g 溶于 100ml 生理盐水中。
2. 6mmol/L 磷酸缓冲液（PBS，pH 6.5）

（1）A 液：将 $Na_2HPO_4 \cdot 7H_2O$ 9.465g 溶于 1000ml 蒸馏水中，高压消毒灭菌后装入棕色瓶内，4℃冰箱保存。

（2）B 液：将 KH_2PO_4 9.07g 溶于 1000ml 蒸馏水中，高压消毒灭菌后装入棕色瓶内，4℃冰箱保存。

（3）PBS 工作液：A 液和 B 液按 3∶7 混合。

3. M-缓冲液　咪唑 3.404g、KCl 3.7g、$MgCl \cdot 6H_2O$ 101.65mg、乙二醇双醚乙酸 380.35mg、乙二胺四乙酸 29.224mg、巯基乙醇 0.07ml、甘油 292ml、蒸馏水加至 1000ml。用 1mol/L HCl 调 pH 至 7.2，室温保存。
4. 1% Triton X-100 液　1ml Triton X-100 加 M-缓冲液 99ml。
5. 3%戊二醛　戊二醛（25%）3ml 加 PBS 液（pH7.2）97ml。
6. 0.2%考马斯亮蓝 R250 染液　考马斯亮蓝 R250 0.2g、甲醇 46.5ml、冰醋酸 7ml、蒸馏水 46.5ml。

（成都中医药大学　许　勇　付　雯）

实验五

小鼠腹腔巨噬细胞吞噬活动观察

实 验 目 的

1．通过对小白鼠腹腔巨噬细胞吞噬鸡红细胞活动的观察，掌握细胞吞噬过程及其意义。

2．熟悉颈椎脱臼法处死小鼠、腹腔注射、制备标本片、显微观察等基本的实验操作方法和技术。

实 验 用 品

一、器材

显微镜、试管架、5ml 试管、2ml 注射器、眼科剪、眼科镊、载玻片、盖玻片、吸管、吸水纸、记号笔。

二、材料

小白鼠、鸡血。

三、试剂

6%淀粉肉汤（含 0.4%台盼蓝）、1%鸡红细胞悬液、生理盐水、肝素、蛋白胨、可溶性淀粉。

实 验 内 容

一、实验原理

高等动物体内存在着具有防御功能的吞噬细胞，它由粒细胞系和单核细胞等白细胞构成，是机体免疫系统的重要组成部分。当单核细胞在骨髓中形成后会进入血液，通过毛细血管进入肝、脾、淋巴结及结缔组织中进一步发育，分化为巨噬细胞。

巨噬细胞是机体内的一种重要的免疫细胞，具有非特异性的吞噬功能，当机体受到细菌等病原体和其他异物入侵时，巨噬细胞将向病原体或异物游走（趋化性），当接触到病原体或异物时，伸出伪足将其包围并将病原体或异物吞入细胞，形成吞噬泡，进而初级溶酶体与吞噬泡发生融合，将异物消化分解掉。

二、实验方法及步骤

1. 巨噬细胞的诱生　在实验前3天，每天向小白鼠腹腔注射6%的淀粉肉汤 1ml（含0.4%台盼蓝），以刺激小白鼠腹腔内产生较多的巨噬细胞（该步骤由教师完成）。

2. 注射鸡红细胞悬液　每组取一只经上述处理的小白鼠，腹腔注射1%鸡红细胞悬液0.5～1ml，然后轻揉小鼠腹部，使鸡红细胞分散。

3. 处死　30min后，用颈椎脱臼法处死小鼠。

4. 取材　迅速剖开腹腔，向腹腔中注入0.5ml生理盐水，用牙签轻轻将腹腔液和生理盐水混合均匀，用未装针头的注射器抽取腹腔液。

5. 制备标本片（临时装片）　将腹腔液滴在载玻片上。盖上盖玻片。每人制片一张。

6. 显微镜观察　结合下述结果观察的内容，一边在镜下观察一边分析（图5-1）。

结果观察：取制备好的临时装片置于光学显微镜下，将光线调至稍暗，先用低倍镜找到标本，再转换成高倍镜仔细观察。在标本中可以见到许多含蓝色颗粒的圆形或不规则形状的细胞，这便是巨噬细胞，蓝色颗粒是巨噬细胞吞噬含台盼蓝的淀粉肉汤后形成的吞噬泡（台盼蓝在此起标记巨噬细胞的作用）；还可见少量淡黄色、椭圆形有核的鸡红细胞，慢慢移动玻片标本，仔细观察巨噬细胞吞噬鸡红细胞的过程：有的鸡红细胞（1个至多个）紧贴于巨噬细胞表面；有的巨噬细胞已将1个至数个鸡红细胞部分吞入；有的巨噬细胞已完全吞入 1 个或几个鸡红细胞，形成椭圆形吞噬泡；有的巨噬细胞内的吞噬泡已与溶酶体融合，正在被消化，体积缩小呈圆形。

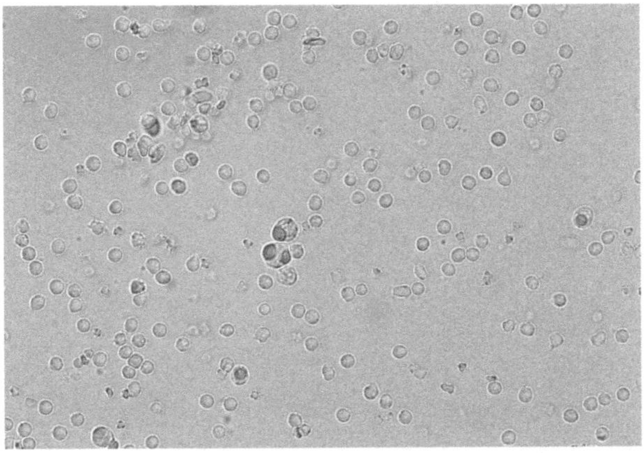

图5-1　小鼠腹腔巨噬细胞吞噬鸡红细胞

注意事项

1. 滴片时细胞悬液不宜过多，1 小滴即可。
2. 剖开腹腔时尽量避免剪破血管。
3. 注意区分鸡红细胞和小白鼠红细胞。

作业与思考

1. 为什么巨噬细胞会吞噬含台盼蓝的淀粉肉汤？
2. 吞噬细胞的吞噬活动涉及细胞膜的什么功能？有何意义？

扫一扫 看答案

【附】试剂的配制

1. 含台盼蓝的 6%淀粉肉汤　取牛肉 0.3g，蛋白胨 1.0g，氯化钠 0.5g，台盼蓝 0.3g，蒸馏水 100ml，可溶性淀粉 6.0g，将上述各成分混匀，煮沸灭菌，置 4℃冰箱中保存备用，用时水浴融化。
2. 500U/ml 肝素　取肝素注射液 1 支（12 500U），用注射器抽取 2ml 肝素加入到 23ml 生理盐水中混匀，4℃保存。
3. 1%鸡红细胞悬液　取鸡血（加肝素抗凝）1ml，生理盐水 99ml，混匀。

（遵义医科大学　李学英　张志敏　杨明理）

实验六

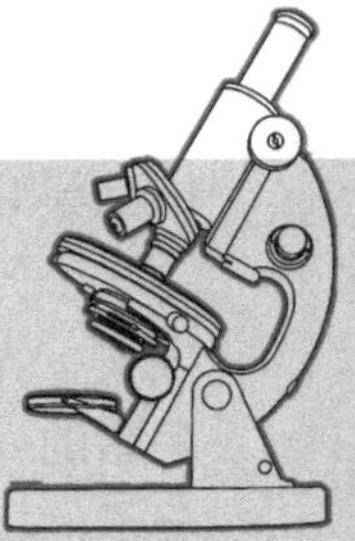

细胞膜通透性的观察

实 验 目 的

1．掌握溶血现象发生的机制。

2．熟悉细胞膜对不同物质选择性通透的一般规律。

实 验 用 品

一、器材

显微镜、烧杯、移液管、试管、试管架、秒表。

二、材料

含适量肝素的鸡血或兔血。

三、试剂

0.17mol/L 氯化钠溶液、0.17mol/L 硝酸钠溶液、0.17mol/L 氯化铵溶液、0.17mol/L 乙酸铵溶液、0.32mol/L 葡萄糖溶液、0.32mol/L 甘油溶液、0.32mol/L 甲醇溶液、0.32mol/L 乙醇溶液、0.32mol/L 丙醇溶液。

实 验 内 容

一、实验原理

细胞膜是一种半透膜，对物质进出细胞具有选择通透性。水分子可以自由通过细胞膜，故将红细胞置于低渗溶液中时，水分子会大量进入相对高渗的细胞质，引起细胞体积膨胀，直至胀破。血红蛋白释放到溶液中，使溶液由不透明的红细胞悬液变为透明的血红蛋白溶液，这种现象称为溶血。一般溶血时间的长短可作为检测物质透过细胞膜速度的一种指标。将红细胞置于等渗溶液中，如果细胞膜对溶质没有通透性，则水分子进出细胞平衡，不会发生溶血。如果细胞膜对溶质具有通透性，则会引起细胞质渗透压升高，水分子跟随进入细胞，最终引起溶血。细胞膜对溶质的通透性越大，则溶质进入细胞的速度越快，溶血所需的时间越短。

小分子物质进入细胞主要通过简单扩撒、协助扩散、通道扩散和主动运输等方式，大分子和颗粒物质则主要通过膜泡运输进出细胞。在穿膜运输中，物质从膜脂的一侧扩散到另一侧，然后进入水相的细胞质中。因此其通透性主要取决于分子的极性和分子大小。非极性小分子易于透过细胞膜；极性越大，分子越大，越难透过细胞膜。离子的转运需要膜转运蛋白的协助。

二、实验方法及步骤

1．鸡红细胞悬液的制备　取 250ml 烧杯 1 只，以 1 份新鲜的鸡血加 10 份 0.17mol/L 氯化钠溶液配制成实验所用的鸡红细胞悬液。

2．溶血现象的观察　取试管 1 支，加入 5ml 蒸馏水，再加入 0.5ml 鸡红细胞悬液，按住试管口倒置一次，观察溶液透明度的变化，若由不透明逐渐变成澄清透明，说明红细胞发生破裂造成红细胞溶血。

3．鸡红细胞的渗透性观察

（1）取试管 1 支，加入 0.17mol/L 氯化钠溶液 5ml，再加入 0.5ml 鸡红细胞悬液，观察溶液颜色有无变化，有无溶血现象发生，分析原因。

（2）取试管 8 支，做好标记后分别加入其他 8 种等渗溶液各 5ml，再分别加入 0.5ml 鸡红细胞悬液，逐一记录加入红细胞悬液的时间，使细胞分散开，观察溶液透明度的变化。以蒸馏水溶血管作为对照，达到与蒸馏水溶血管相同的透明度时记录时间。前后时间相减即溶血所需时间。上述 8 种等渗溶液有的溶血时间长，有的溶血时间较短，有的可能不发生溶血现象，实验前宜先根据溶质分子的极性和大小做出简单判断，之后再动手操作。分析实验结果是否与自己的推测相符。

4. 细胞形态镜检　将上面实验中发生溶血的、未发生溶血的以及新鲜的鸡红细胞悬液各做一个装片，在显微镜下观察细胞形态。

三、实验结果

红细胞在等渗的甲醇、乙醇、丙醇、甘油、氯化铵和乙酸铵溶液中发生溶血，但溶血所需时间不同，在等渗的氯化钠、硝酸钠和葡萄糖溶液中不发生溶血。

注意事项

1．要尽量采用新鲜的鸡血，其红细胞状态好。

2．溶液用双蒸水或纯水配制，尽量避免实验用水中所含的离子对实验结果的影响。

3．可将一张有字的白纸放在试管后面来观察溶血现象的发生，在溶血过程中，字会逐渐变得清晰。每个实验小组的溶血判断标准要统一，以减少误差。

4. 各种不同溶液的移液管不可混用，严格分开，是实验成功与否的关键。

5. 观察是否溶血时，必须在加入溶液后立即观察，记下时间，继续观察至溶血产生，方可得知溶血所需时间，否则容易含糊不清，无法比较。

作业与思考

1. 在等渗溶液中，水分子进出细胞是平衡的，为什么在一些等渗溶液中还是会发生溶血现象？
2. 根据溶质分子的极性和大小分析红细胞在上述溶液中溶血与否及溶血时间不同的原因，根据实验结果填写表 6-1。

表 6-1　红细胞膜通透性观察

试管编号	是否溶血	时间	溶血与否原因分析
1			
2			
3			
4			
5			
6			
7			
8			

3. 分析红细胞在氯化铵和乙酸铵溶液中发生溶血的原因。

扫一扫 看答案

【附】试剂配制

1. 0.17mol/L 氯化钠溶液　称取 NaCl 4.97g，加蒸馏水 500ml。
2. 0.17mol/L 硝酸钠　称取 $NaNO_3$ 7.22g，加蒸馏水 500ml。
3. 0.17mol/L 氯化铵溶液　称取氯化铵 4.57g，加蒸馏水 500ml。
4. 0.17mol/L 乙酸铵　称取乙酸铵 6.55g，加蒸馏水 500ml。
5. 0.32mol/L 葡萄糖　称取 28.83g 葡萄糖，加蒸馏水 500ml。
6. 0.32mol/L 甘油　取 11.7ml 甘油，加蒸馏水至 500ml。
7. 0.32mol/L 甲醇　取 6.47ml 甘油，加蒸馏水至 500ml。
8. 0.32mol/L 乙醇　取无水乙醇 9.93ml，加蒸馏水至 500ml。
9. 0.32mol/L 丙醇　取 11.98ml 丙醇，加蒸馏水至 500ml。

（川北医学院　蔡晓明　章　欢）

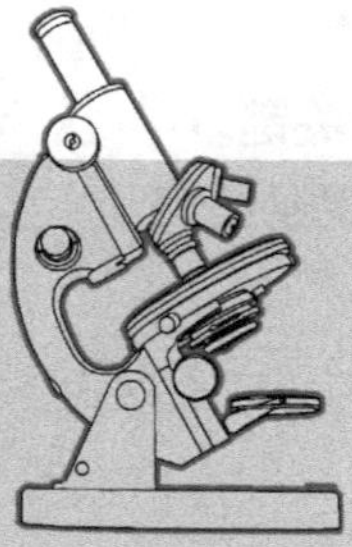

实验七

细胞核的分离与鉴定

实验目的

1. 掌握细胞核分离的原理，了解细胞核分离和鉴定的方法。
2. 熟悉匀浆的基本操作方法。

实验用品

一、器材

显微镜、普通离心机、天平、离心管、滴管、玻璃漏斗、25ml 烧杯、解剖剪、镊子、纱布、玻璃匀浆器、载玻片、盖玻片、染色盘架。

二、材料

小白鼠肝脏。

三、试剂

生理盐水、0.25mol/L 蔗糖-0.003mol/L 氯化钙溶液、1%甲苯胺蓝染液。

实验内容

一、实验原理

细胞内各种结构的密度和大小等各不相同，在同一离心场内其沉降速度也不同，故常用不同介质和不同的离心力离心（即差速离心），将细胞内各细胞器和组分分级分离出来，此法已成为研究亚细胞成分化学组成、理化特性及功能的主要手段。

细胞核的密度和大小与细胞内其他组分不同，分离细胞核最常用的方法是将组织制成匀浆，在均匀的悬浮介质中用特定的离心力进行离心、分离，然后进一步分析鉴定。其基本过程包括组织匀浆、分级分离和分析三个步骤。

匀浆指低温下，将组织块放入匀浆器，加入等渗匀浆介质进行研磨，破碎细胞，使之成为各种细胞器及其包含物的匀浆液。

二、实验方法及步骤

1．处死　断头处死小白鼠，手提尾部使腹内血液尽量流出。

2．取材　迅速开腹取肝，在盛有生理盐水的小烧杯中反复洗涤，称取湿重约1g的肝组织放在烧杯中。

3．匀浆　加入8ml预冷的0.25mol/L蔗糖-0.003mol/L氯化钙溶液于烧杯中，尽量剪碎肝组织，并倒入玻璃匀浆器，使匀浆器下端浸入盛有冰块的器皿（如冰盘）。左手握持匀浆器，右手将匀浆捣杆垂直插入管中匀浆，直至看不到明显的组织块。

4．过滤　用8层纱布（先用少量生理盐水或蔗糖液润湿纱布）过滤匀浆液于离心管中。

5．离心　在天平上平衡每对离心管，2500r/min 离心 15min，取上清液于另一离心管中，原离心管大约剩余1ml的上清液。

6．涂片　取上清液制一张涂片（标记①）。将原离心管中剩余上清液吹打沉淀成悬液，另制一张涂片（标记②），自然干燥。

7．染色　分别在涂片①、②上滴加甲苯胺蓝染液，染色5～7min（即滴染）。

8．洗涤　冲去染液，晾干。

9．镜检　结合实验结果的描述，镜下观察分析。

结果观察：低倍镜下找到标本，再换高倍镜，可见肝细胞核已游离出来，被染成蓝紫色，圆形，中央有2～4个甚至更多个深蓝色的核仁。

注意事项

整个操作过程样品要保持在0～4℃，避免酶失活。尽可能充分剪碎肝组织，缩短匀浆时间，整个分离过程不宜过长，以保持细胞组分的生理活性。

作业与思考

1. 描述细胞核的分离过程和鉴定结果。
2. 请说明在制片过程中增加一张上清液制片的目的。

扫一扫 看答案

【附】试剂的配制

1. 0.25mmol/L蔗糖-0.003mol/L氯化钙溶液　称取蔗糖85.5g，氯化钙0.33g，加蒸馏水100ml，混匀。
2. 1%甲苯胺蓝染液　称取甲苯胺蓝1g，加蒸馏水100ml，混匀。

（遵义医科大学　李学英　张志敏　杨明理）

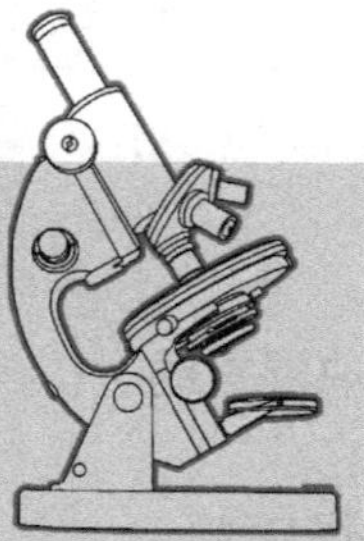

实验八

细胞有丝分裂标本的制备与观察

实验目的

1. 掌握动、植物细胞有丝分裂的基本过程，分裂各期的主要形态特征。
2. 熟悉制作洋葱根尖临时装片的方法。

实验用品

一、器材

显微镜、烧杯、手术剪、镊子、载玻片、盖玻片、吸水纸、培养皿。

二、材料

洋葱根尖、洋葱根尖纵切片、马蛔虫子宫切片。

三、试剂

Carnoy 固定液、70%乙醇、1mol/L HCl、改良苯酚染液。

实验内容

一、实验原理

有丝分裂（mitosis）是高等生物体细胞增殖的主要方式，包括核分裂和细胞质分裂。在有丝分裂的过程中，细胞内染色体能准确地复制，并能有规律地均匀分配到两个子细胞中去，形成的子细胞与母细胞的遗传物质相等，保证了物种遗传的连续性与稳定性。根据细胞染色体的动态变化，人为地将核分裂过程分为前期、中期、后期及末期。由于洋葱根尖细胞和马蛔虫受精卵细胞分裂旺盛，取材方便，染色体数目少，易于观察计数，因此分别是植物和动物细胞有丝分裂观察的理想材料。

二、实验方法和步骤

（一）洋葱根尖临时标本制备

1. 取材　用水培养洋葱使其生根，当根生长至 1～2cm 时，选择粗壮、色白的根尖剪取游离端约 0.5cm 长。取材最佳时间在上午 11 时左右。

2. 固定　将剪下的根尖立即放入 Carnoy 固定液中固定 2～3h。如暂不制片，可将固定后的材料放入 70%乙醇中，4℃冰箱保存。

3. 解离　取出固定好的根尖，放入 1mol/L 的 HCl 中解离 10～15min，水洗 3 次。

4. 染色　将以上处理的根尖放在滴有改良苯酚染液的载玻片上，用镊子轻轻将根尖捣碎，染色后盖上盖玻片。

5. 压片　吸水纸放在盖玻片上，用拇指轻轻在吸水纸上对准根尖部位稍用力压，或用铅笔橡皮头对准轻敲，使根尖细胞分散均匀。低倍镜下观察处于分裂期的典型细胞，再换高倍镜下观察。

（二）洋葱根尖纵切片标本的观察

洋葱根尖根据其细胞特征由上而下可分为根冠、生长点、伸长区和根毛区四部分（图 8-1）。根冠呈帽状，是最前端排列不规则的细胞。紧接着的部位是生长点，细胞排列紧密，体积较小，近似正方形。这个区域的细胞具有旺盛的分裂能力，是根的生长中心。由于可以观察到处于不同分裂时期细胞的形态特征，因此，常采用生长点细胞观察植物细胞的有丝分裂过程。紧临生长点的伸长区细胞逐渐伸长，细胞核相对较小。而最上方的根毛区表面的细胞有向外伸出的纤细根毛。

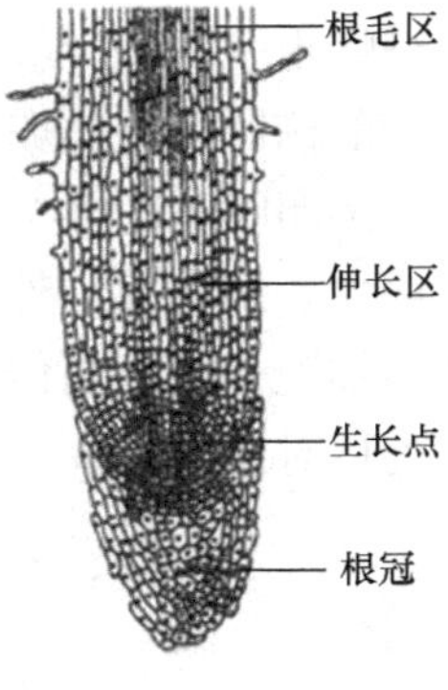

图 8-1　洋葱根尖纵切片（示生长点）

取洋葱根尖纵切片标本，先在低倍镜下通过细胞特征找到生长点，而后选择不同时期的典型细胞移至视野中央，转换高倍镜进一步观察。

前期（prophase）：细胞核膨大，核内染色质凝集缠绕、缩短变粗成为一定形态的染色体。核膜和核仁逐渐崩解（图 8-2）。前期结束时，核膜、核仁完全消失。

中期（metaphase）：细胞内全部染色体移动到中央平面上形成赤道板。在赤道板两极方向有许多丝状结构与染色体相连，形成纺锤体（spindle）（图 8-2）。此时的染色体由着丝粒处相连的两条染色单体组成。中期染色体凝集程度最大，形态粗短清晰，是观察染色体结构的最佳时期。

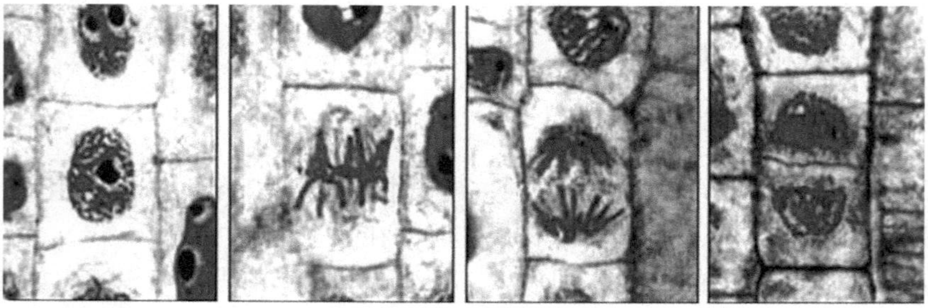

图 8-2 洋葱根尖细胞有丝分裂过程

后期(anaphase):染色体上的着丝粒纵裂,两条姐妹染色单体彼此分离(图 8-2),正常情况下形成数目相等的两组染色体。在纺锤丝的牵引下两组染色体分别向细胞的两极移动。

末期(telophase):到达两极的染色体逐渐解螺旋伸长变细,成为丝状染色质,纺锤体消失,核膜、核仁重新出现,形成两个子细胞核。同时细胞中央形成的成膜体逐渐融合为细胞板(cell plate),进而形成细胞壁,最后形成两个子细胞(图 8-2)。

(三)动物细胞有丝分裂的观察

取马蛔虫子宫切片标本置于低倍镜下观察,可见马蛔虫子宫腔内有许多处在不同时相的椭圆形受精卵细胞。卵细胞外有一层较厚的卵膜,卵膜与卵细胞之间的空隙为围卵腔(图 8-3),由于制片过程中固定、脱水等原因使得细胞质收缩,围卵腔增大。细胞膜的外面或卵壳的内面可见有极体附着。寻找处于有丝分裂不同时期的细胞,转换高倍镜仔细观察它们的形态特征。同时与植物细胞的有丝分裂过程进行对比。

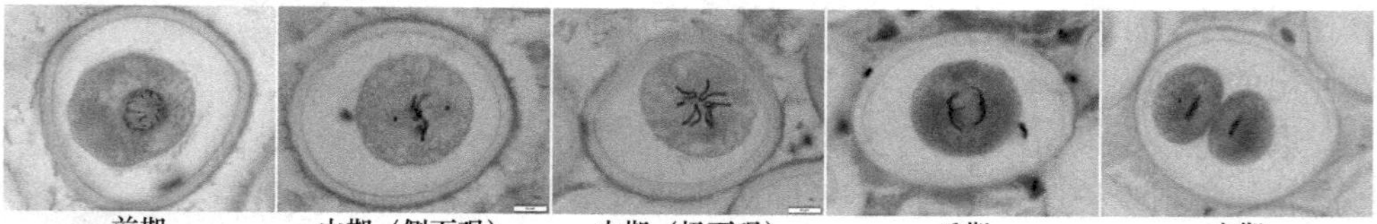

图 8-3 马蛔虫受精卵细胞有丝分裂过程

前期:受精卵细胞核膨大,核内染色质逐渐凝集缩短变粗,形成粒状染色体(图 8-3)。两个中心体分别向细胞两极移动,每一个中心体周围出现放射状排列的细丝,为星射线,纺锤体开始形成。前期结束时核仁消失、核膜破裂。

中期:染色体聚集排列在细胞中央赤道面上形成赤道板,纺锤体形成。从不同切面可以看到不同的图像。侧面观（图 8-3），染色体呈分叉线状排列于细胞中央，两极各有一个中心体，其周围有放射状星射线，纺锤丝与染色体上的动粒相连形成纺锤体。极面观（图 8-3），可见染色体成菊花状排列，在有些细胞中可清晰地观察到马蛔虫受精卵细胞的 6 条染色体。

后期：染色体着丝粒分离，姐妹染色单体彼此分开，纺锤丝收缩分别向细胞两极移动。细胞中部的细胞膜开始凹陷，出现缢痕（图 8-3）。

末期：到达两极的染色体解旋成染色质，核膜、核仁重新出现，纺锤丝、星射线消失。细胞膜缢痕逐渐加深，最后横缢，细胞完全分开形成两个子细胞。

对比动、植物细胞有丝分裂过程，可以发现两者基本相同，主要区别发生在前期和末期。首先，动物细胞前期两对中心粒分别移向两极，发出星射线构成纺锤体；而高等植物细胞则是从两极发出纺锤丝形成纺锤体。其次，在末期，植物细胞在赤道板的位置出现细胞板，其逐渐形成细胞壁，进而一个细胞分裂成两个细胞；而动物细胞的细胞膜在中部向内凹陷，把一个细胞缢裂成两个细胞。

作业与思考

1. 请绘制洋葱根尖生长点细胞有丝分裂不同时期的图像。
2. 请绘制马蛔虫受精卵细胞有丝分裂不同时期的图像。
3. 请简单描述制作洋葱根尖临时装片的操作步骤。解释为何要选用生长点细胞观察植物细胞的有丝分裂过程？固定、解离的作用分别是什么？

扫一扫 看答案

【附】试剂的配制

1. 1mol/L HCl　取 36%～38%浓盐酸 83ml 定容至 1000ml。
2. Carnoy 固定液　取无水乙醇 60ml；氯仿 30ml；冰醋酸 10ml 混合。
3. 改良苯酚染液

（1）原液 A：3g 碱性品红溶于 100ml 70%乙醇中。

（2）原液 B：取 A 液 10ml 与 90ml 5%的苯酚水溶液混合。

（3）原液 C：取 B 液 55ml 与 6ml 冰醋酸、6ml 38%的甲醛溶液混合。

（4）工作液：取 C 液 10～20ml 加入 80～90ml 45%乙酸、1.5g 山梨醇充分溶解，总体积为 100ml。

（成都大学　牛　蓓）

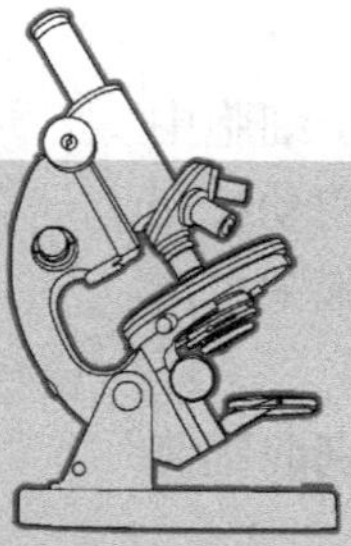

实验九

细胞减数分裂标本的制备与观察

实 验 目 的

1．掌握蝗虫精母细胞减数分裂各时期染色体行为的动态变化过程和主要特点。

2．熟悉蝗虫精巢精母细胞减数分裂标本的制备方法。

3．了解生物精母细胞减数分裂的一般规律。

实 验 用 品

一、器材

显微镜、解剖镜、离心机、解剖镊、解剖剪、手术刀、解剖针、培养皿、吸水纸、擦镜纸、注射器、酒精灯、盖玻片、载玻片、玻棒。

二、材料

短角斑腿蝗（或稻蝗、蚱蜢）的精巢固定标本。

三、试剂

Carnoy 固定液、吉姆萨（Giemsa）染液、改良苯酚品红染液、醋酸洋红、磷酸缓冲液（PBS，PH 7.2～7.4）、秋水仙素（100μg/ml）、二甲苯、1mol/L HCl、蛋白甘油、加拿大树胶、50%～100%乙醇。

实 验 内 容

一、实验原理

减数分裂是配子发生过程中的一种特殊形式的有丝分裂，染色质复制一次，细胞连续分裂两次，在两次分裂中分别将同源染色单体与姐妹染色单体均分给子细胞，最终形成的配子中染色体数目仅为性母细胞的一半，减数分裂又称成熟分裂。制备动物细胞减数分裂标本的材料有多种，而利用蝗虫精巢制备减数分裂标本具有取材容易、制备程序简单、染色体数目较少、便于观察等优点，故被广泛采用。蝗虫精巢是精子发生的器官，精巢由若干个棒状的精巢小管构成，精巢小管中有处于不同发育时期的生殖细胞。通过对蝗虫精巢的固定制片，便可以在显微镜下直接观察动物细胞减数分裂各期的形态特点。

二、蝗虫精巢精母细胞减数分裂标本的制备

（一）标本采集与固定

蝗虫雌、雄性别容易鉴别，雄性个体较小，雌性个体较大，雌性蝗虫尾部有产卵瓣，从外部易于区别。

夏秋季采集成熟雄性蝗虫，剪去第一对步足及翅，在翅基部的后方（相当于腹部背侧前端），用解剖剪将其体壁剪开，见到在上方两侧各有一块黄褐色的团块，这便是蝗虫精巢。精巢由许多排列在一起的精巢小管组成。取出精巢并放入 Carnoy 固定液中固定 24h，用 95%、85%乙醇漂洗精巢 2～3 次，换入 70%乙醇中。除去黄色脂肪团将精巢管分离，置于 4℃冰箱中保存备用。若需较长时间保存，可将其放入 70%乙醇、甘油各一份的混合溶液中。

（二）制片

1．临时制片

（1）取出精巢管，分别用 50%乙醇和蒸馏水洗 2～3 次。

（2）加入 1mol/L HCl 软化 10min。

（3）用蒸馏水漂洗 2～3 次。

（4）取 1～2 根精巢小管置于载片上，用两根解剖针十字交叉将小管撕破，或用刀片在精巢小管中横切两三道，轻轻挤出其中的细胞，滴 1～2 滴改良苯酚品红染液，染色 5～10min。盖上盖玻片，在盖玻片上放一张吸水纸，用拇指加压使材料分开（加压时不能让盖片移动），制成临时制片。

2．永久性制片

（1）用玻棒蘸一点蛋白甘油于载玻片上，用手掌涂匀。

（2）用临时制片方法制片。

（3）显微镜下观察，选择分裂相多且清晰的玻片标本。

（4）将一玻棒置入大培养皿内，倒入约 2/3 的 Carnoy 固定液或 70%乙醇，将玻片标本浸入固定液内（盖玻片朝下，一端搭在玻棒上）。待盖玻片自然脱落后，将载玻片依次移入下列溶液：无水乙醇→无水乙醇→无水乙醇＋二甲苯（1∶1）→二甲苯→二甲苯（每步 1min）。最后，用加拿大树胶封片。

三、标本的观察

雄性蝗虫体细胞有 23 条染色体，性染色体组成为 XO；而雌性蝗虫体细胞有 24 条染色体，性染色体组成为 XX。

将标本放在低倍镜下找到分裂相然后移至视野中央，换用高倍镜观察。减数分裂各期的形态特征如图 9-1 所示。

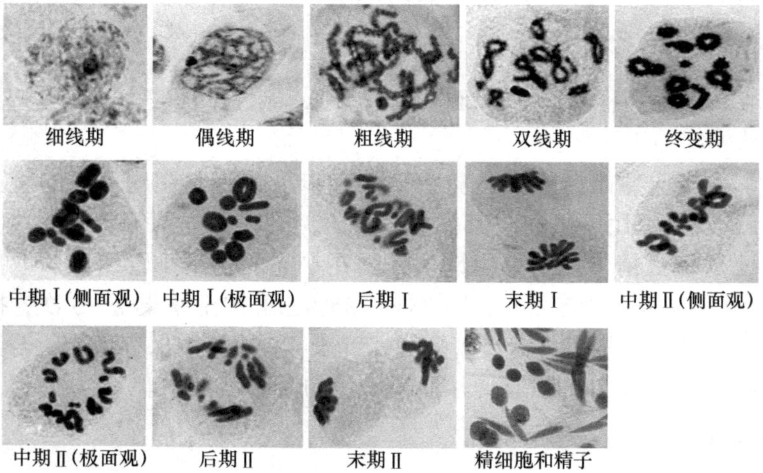

图 9-1 蝗虫精母细胞减数分裂过程

(一)减数第一次分裂

减数第一次分裂包括前期Ⅰ、中期Ⅰ、后期Ⅰ和末期Ⅰ四个时期。

1．前期Ⅰ　前期Ⅰ经历时间最长，染色体变化复杂，可分为五个分期。

(1)细线期：减数分裂开始，染色体呈细丝状，绕成一团，首尾不分。

(2)偶线期：同源染色体开始两两配对(联会)形成二价体，配对先从一或两端开始，沿染色体长轴相互靠拢，形如花束。雄性蝗虫形成 11 个二价体和一条 X 染色体，X 染色体没有同源染色体配对，在减数第一次分裂中呈深染，形状粗短。

(3)粗线期：染色体变粗短，每个二价体含有 4 条染色单体，称为四分体。此时非姐妹染色单体间的遗传物质发生交换。

(4)双线期：染色体进一步缩短变粗，并出现灯刷现象。同时，同源染色体彼此排斥分离，但在交叉点处仍相互粘连，形成“O”“X”“8”字形等图形。

(5)终变期：染色体最粗短，灯刷现象仍存在，交叉点移向两端。二价体有明显的“O”“X”“8”字形等图形，最后核膜核仁消失。

2．中期Ⅰ　二价体移向细胞中央排列在赤道板上，灯刷现象消失，纺锤体形成。

3．后期Ⅰ　同源染色体受纺锤丝牵引彼此分离形成二分体，分别移向细胞两极。

4．末期Ⅰ　到达两极的染色体解旋成染色质，核膜、核仁重新出现，细胞中部内缢形成两个次级精母细胞。次级精母细胞的染色体数目只有初级精母细胞的一半。

（二）减数第二次分裂

细胞经过一个短暂的、没有 DNA 复制的间期后，立即进入减数第二次分裂。减数第二次分裂与有丝分裂类同，经前期Ⅱ、中期Ⅱ、后期Ⅱ和末期Ⅱ，一个次级精母细胞形成两个精细胞。精细胞经过变形，由圆形逐渐变为椭圆形、长梭形，最后形成蝌蚪状的精子。

注意事项

1．实验中染色时应破碎精巢小管以便彻底染色。

2．挑选精巢小管应选择较粗的，因为其正处于分裂时期。

3．压片前注意先用解剖针后部轻敲，以让细胞尽量分散，但用力要轻，以防敲碎盖玻片。

4．压片时应用一只手按住盖玻片再压片，防止盖玻片滑动。

作业与思考

1. 绘制减数分裂的细线期、偶线期、粗线期、双线期、终变期、中期Ⅰ、后期Ⅰ、中期Ⅱ、后期Ⅱ的染色体变化简图。
2. 比较植物材料和动物材料在制备染色体标本过程中的区别。

扫一扫 看答案

【附 1】小鼠睾丸生殖细胞减数分裂标本的制备

1. 秋水仙素处理　取成年雄性小鼠，于处死前 2～3h 腹腔注射秋水仙素 0.2～0.4ml。
2. 取精曲小管　采用颈椎脱臼处死小鼠，立即取出睾丸放入盛有 2%柠檬酸钠溶液的培养皿中。剪开睾丸最外层的白膜，挑出细线状的精曲小管，更换柠檬酸钠溶液冲洗一次。
3. 制细胞悬液　将精曲小管移入培养皿中，加少量柠檬酸钠溶液，将精曲小管剪碎并去除肉眼可见的膜状物，制成糊状的细胞悬液。
4. 低渗　将上述悬液移入离心管中，加 0.075mol/L KCl 溶液 6～8ml，将细胞吹散打匀，室温低渗处理 20～30min。

5. 固定　在低渗处理后的细胞中加入 Carnoy 固定液 1ml，用吸管轻轻吹打进行预固定，800～1000r/min 离心 5～10min。弃上清液，重新加入 6～8ml 固定液，轻轻吹打后静置固定 20～30min，离心。重复上述固定、离心步骤一次。弃上清液后加入固定液少许，轻轻吹打成乳白色细胞悬液。
6. 滴片　取预冷的载玻片，滴 1～2 滴细胞悬液于载玻片上，立即用吸管轻轻吹气，使细胞迅速分散。将玻片平放或 45°角斜放，待其自然干燥。
7. 染色　将玻片反扣在染色盘上，用吉姆萨（Giemsa）染液扣染 20～30min，清水冲洗，晾干后即可观察。小鼠的二倍体细胞为 40 条染色体（$2n=40$），在镜下观察减数分裂各期形态特点。

【附 2】试剂的配制

1. 1mol/L HCl　参见实验八的配制方法。
2. 秋水仙素（100μg/ml）　秋水仙素 10.0mg，灭菌生理盐水 100ml。
3. 吉姆萨（Giemsa）染液

（1）Giemsa 原液：Giemsa 粉 1g，甘油 66ml，甲醇（A.R.）66ml。先将甘油预热至 60℃左右，将 Giemsa 粉置于玻璃乳钵内，加入数滴甘油，仔细反复研磨呈浓糊状无颗粒为止；再将剩余的甘油全部倒入乳钵内，边加边搅拌均匀，然后置于 60℃温箱内 2h，再加入甲醇，过滤后置于棕色瓶内保存（Giemsa 原液保存得越久越好）。

（2）Giemsa 工作液：临用前取 Giemsa 原液和磷酸缓冲液（pH7.4）按 1∶9 混合，现用现配。

4. 醋酸洋红　45%乙酸 100ml，加洋红 1g，煮沸（沸腾时间不超过 30s），冷却后过滤即可。
5. 蛋白甘油　取一生鸡蛋，将蛋白取出搅匀，加等量的甘油和少量防腐剂（如苯酚等）混合。

（川北医学院　杨俊宝）

实验十

小鼠骨髓细胞染色体标本的制备与观察

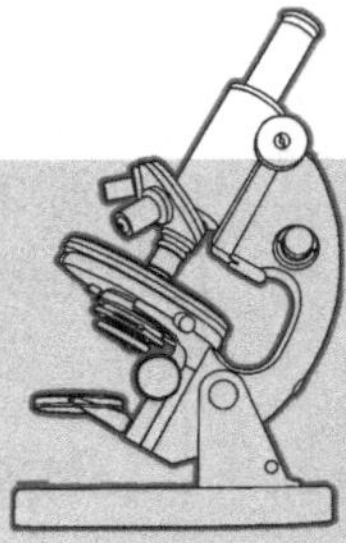

实 验 目 的

1. 掌握动物骨髓细胞染色体标本的制备技术。
2. 观察小白鼠染色体的形态特征及数目。
3. 了解秋水仙素在染色体标本制作中的作用。

实 验 用 品

一、器材

离心机、显微镜、电子天平、染色盘架、恒温水浴箱、注射器、解剖剪、解剖镊、白瓷盘、离心管、吸管、试管架、冰载玻片、酒精灯、纱布、记号笔。

二、材料

体重 18～25g 的小白鼠股骨。

三、试剂

秋水仙素（100μg/ml）、低渗液（0.075mol/L KCl）、甲醇：冰醋酸（3：1）固定液（临时配制）、吉姆萨（Giemsa）染液（实验前临时配制，吉姆萨染液以磷酸缓冲液稀释，比例为 1：10）。

实 验 内 容

一、实验原理

染色体是染色质在细胞分裂期的存在形式，在有丝分裂的中期细胞中表现出典型形态，所以只有在中期才便于观察和计数。

最常用的途径是从骨髓细胞、血淋巴细胞和组织培养的细胞中制备。骨髓细胞数量多，分裂旺盛，无需体外培养和无菌操作，便于取材。

为了便于实验结果观察，需要获得大量处于中期分裂相的细胞。可以在处死动物前 3～4h 用秋水仙素处理，利用其抑制微管组装的特点，使处于分裂期的细胞被阻断在中期，从而最大限度地富集中期分裂相细胞；再经低渗处理、固定、滴片、染色等步骤，即可制作出理想的染色体标本。

二、实验方法及步骤

1. 注射秋水仙素　实验前 3～4h，给小白鼠腹腔注射秋水仙素（2μg/g 体重）。由于秋水仙素能抑制纺锤体的形成，从而使有丝分裂停止于中期（该步骤由教师完成）。

2. 取股骨　用颈椎脱臼法处死小白鼠，在盘中用剪刀剪开小白鼠后肢大腿上的皮肤和肌肉，暴露出股骨及其两端相连的关节，然后从两端关节头处分离下股骨，用纱布擦净骨上残余的肌肉和血液。

3. 收集细胞和低渗处理　先在离心管中加入 8ml 0.075mol/L KCl 低渗溶液，然后在股骨两端，剪去少量骨质使骨髓腔暴露（注意不能剪掉太多，以防骨髓细胞过多丢失）。用镊子夹住股骨中部，用注射器抽取离心管中的低渗溶液，将针头从股骨一端插入骨髓腔，冲洗腔内骨髓于离心管中，反复冲洗直至骨髓腔变白为止。将离心管置于 37℃水浴 30min 左右，进行低渗处理。

4. 固定和离心　在终止低渗处理前 1～2min，加入固定液约 1ml，用吸管轻轻吹打混匀细胞，进行预固定。将离心管做好标记，并将两支离心管在天平上配平后，对称放置于离心机中，以 1500r/min 离心 8min，用吸管小心吸去上清液，沿管壁加入固定液 5～6ml，并用吸管将沉淀物轻轻吹打，使细胞悬浮均匀。室温下固定 15～20min，根据情况可重复离心一次。

5. 制备骨髓细胞悬液　吸去上清液，在留有细胞的离心管中加入 0.3～0.5ml 固定液，用吸管轻轻吹打沉淀制成细胞悬液。注意吹打时不要把悬液吸到吸管上部的宽大部分，以免细胞粘于管壁上而丢失。

6. 滴片　取一张冰载玻片，吸取细胞悬液，在离载玻片 20～30cm 的高度，滴 2～3 滴于冰载玻片上，轻吹片上的液滴，立即在酒精灯火焰上微烤，以便染色体铺展和分散，将载玻片倾斜放置晾干。

7. 染色　将标本片平放于染色盘架上，用吉姆萨染液染色 10min 左右，用水冲去多余染液，晾干。

8. 镜检　结合实验结果观察的描述，镜下观察分析。

三、结果观察

将制作好的染色体标本片放在低倍镜下作全面观察，可见到许多大小不等被染成紫红色的、呈圆形的间期细胞核，仔细寻找分散在它们之间的中期分裂相，选取染色体形态良好，分散适中的分裂相，移至视野中央，换用高倍镜（针对好的染色体形态可以再继续使用油镜）进行观察分析。小白鼠染色体一般呈“U”形，均为端着丝粒染色体，染色体为 $2n=40$ 条，其 19 对为常染色体，一对为性染色体（图 10-1）。

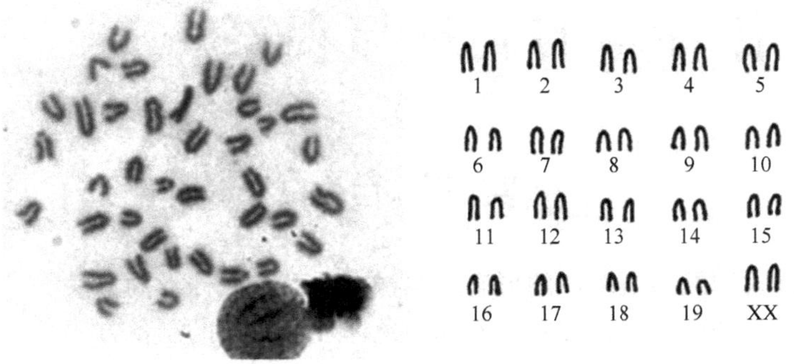

图 10-1　小白鼠骨髓细胞中期染色体核型（雌）

作业与思考

1. 绘制光学显微镜下你所观察到的小白鼠骨髓细胞一个中期分裂相的染色体。
2. 评价你所做的染色体标本的质量，分析成败原因。
3. 解释染色体标本制作过程中低渗处理的目的。
4. 滴片时为何要有一定的高度？

扫一扫 看答案

【附】试剂的配制

1. 秋水仙素（100μg/ml）　参见实验九的配制方法。
2. 氯化钾低渗液（0.075mol/L）　称取氯化钾（KCl）559mg，加蒸馏水 100ml，混匀。
3. 甲醇冰醋酸固定液（3∶1）　甲醇∶冰醋酸＝3∶1（临时配制）。
4. Giemsa 染液　参见实验九的配制方法。

（遵义医科大学　李学英　张志敏　杨明理）

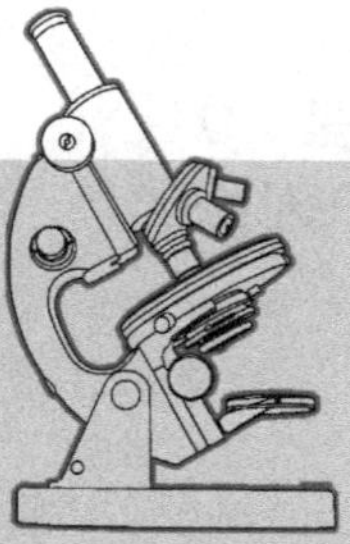

实验十一

人外周血淋巴细胞染色体标本的制备与观察

实 验 目 的

1. 掌握人体细胞染色体的形态、结构、数目及其计数的方法。
2. 熟悉人外周血淋巴细胞培养和染色体玻片标本的制备方法。

实 验 用 品

一、器材

显微镜、冰箱、CO_2 细胞培养箱、恒温水浴锅、离心机、高压消毒锅、超净工作台、电吹风、剪刀、镊子、培养瓶、10ml 刻度离心管、毛细吸管、抽滤瓶、玻璃除菌滤器、酒精灯、染色缸、注射器、冰冻玻片。

二、材料

人外周血。

三、试剂

RPMI 1640 培养液（或 DMEM 培养液）、小牛血清（或胎牛血清）、1%植物血凝素（PHA）、10μg/ml 秋水仙素（或同浓度秋水仙胺）、0.075mol/L KCl 溶液、固定液、0.2%肝素、双抗（青霉素、链霉素）、吉姆萨（Giemsa）染液、pH6.8 的 PBS、5%碳酸氢钠溶液、1mol/L HCl 溶液。

实 验 内 容

一、实验原理

人外周血淋巴母细胞是保持了增殖潜能的暂不增殖细胞（G_0 期细胞），一般可在血液中循环几年都不分裂。人体外周血淋巴细胞体外培养具有迅速、容易的优点，但血液循环中淋巴细胞有丝分裂指数（细胞分裂比率）较低。在人工离体培养条件下，若在培养基中加入植物凝集素（PHA），PHA 可刺激淋巴细胞转化为淋巴母细胞，重新获得增殖能力，进行有丝分裂。进行人染色体的分析研究，需要处于分裂中期的体细胞，因此在终止培养前 4～5h 加入适量秋水仙素，能抑制纺锤丝的形成，使细胞分裂停止在中期。用 0.075mol/L KCl 溶液低渗处理标本，可使红细胞膜破裂，使转化的淋巴细胞膨胀。离心，去掉红细胞膜碎片，并使分裂细胞和转化的淋巴细胞膨胀，染色体分散。用固定液固定，保持染色体的形态，有助于获得清晰、分散的染色体。最后采用空气干燥法制片，空气干燥有利于细胞和染色体在载玻片上展开。Giemsa 染色，可得染色体标本。对人染色体进行分析是确诊染色体病最常用的和最有效的手段。对羊水细胞的染色体分析是产前诊断胎儿染色体病常用方法。在干细胞培养过程中，也常常需要检查染色体是否发生改变，以保证长期培养的干细胞的稳定性。

二、染色体标本的制备

（一）采血

用灭菌注射器抽取 0.2ml 肝素（0.2%），润湿注射器针筒，将多余的肝素弃去。常规消毒后采取人体肘部静脉血 1～2ml，转动针筒使血液和肝素混合均匀。

（二）接种

在超净工作台上无菌操作，在每个培养瓶中（含 20%小牛血清的 RPMI 1640 培养液 5ml，pH7.0）加入全血 0.25～0.30ml（7 号针头 13～15 滴）和 PHA（5mg/ml）0.2ml，盖紧胶塞后轻轻摇匀。

（三）培养

将接种了人外周血的培养瓶放在 CO_2 细胞培养箱内，5%CO_2、37℃培养 72h。在终止培养收获细胞前 4～5h 加入浓度为 100μg/ml 的秋水仙素溶液 4～5 滴（7 号针头），使终浓度为 0.4μg/ml。轻轻摇匀后，放回培养箱中继续培养 4～5h。

（四）收获

将培养后的血细胞收集在刻度离心管中，以 1000r/min 离心 8min，弃上清液。

（五）低渗处理

加入预热至 37℃的 0.075mol/L KCl 溶液至 8ml，用吸管轻轻吹打混匀细胞，置于 37℃恒温水浴箱中低渗 30min，1000r/min 离心 8min，弃上清液。

（六）固定

加新鲜配制的固定液 1～2ml 进行预固定，用吸管轻轻吹打混匀，静置 15min，

1000r/min 离心 8min，弃上清液。加入新鲜配制的固定液至 8ml，轻轻混匀后，室温下静置固定 30min，1000r/min 离心 8min，弃上清液。再加入固定液至 8ml，轻轻混匀后将离心管静置 30min 固定，1000r/min 离心 8min，弃上清液。

（七）制细胞悬液

加入 0.5～1ml 新鲜固定液，轻轻吹打混匀制成细胞悬液。

（八）滴片、染色

在进行染色体制片之前需预先准备冰片，将清洁的载玻片放入蒸馏水中，再置入 4℃冰箱中存放 4h 以上。用滴管吸取少量细胞悬液，以 20～35cm 的高度滴至冰冷的载玻片上，立即吹散细胞，并将标本放在酒精灯火焰上来回过几下，冷风吹干或气干。

标本片用 Giemsa 染液（Giemsa 原液和 pH6.8 的 PBS 按 1∶10 混合）染色 10～20min。清水冲洗，干后镜检。

三、观察

取上述制好的正常人体细胞染色体玻片标本，先在低倍镜下选择染色体长短合适、染色清晰、分散良好、无重叠的中期分裂细胞（细胞膜已破裂），移到视野中央，再转换油镜仔细观察。

（一）观察人体细胞染色体的形态结构

正常人体细胞的每一条中期染色体由两条姐妹染色单体组成，着丝粒两端的染色体臂按其相对长度分为短臂（p）和长臂（q）。部分染色体上除了着丝粒（主缢痕）外还存在一个狭窄的浅染区叫次缢痕。13 号、14 号、15 号、21 号、22 号染色体的末端有随体。人体细胞中的 46 条染色体按照着丝粒在染色体上所处的位置可分为 3 种类型：中央着丝粒染色体、近中央着丝粒染色体及近端着丝粒染色体（图 11-1）。

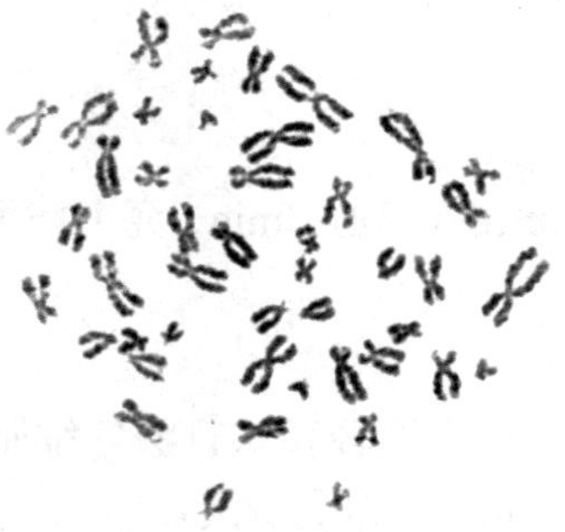

图 11-1 人外周血淋巴细胞染色体

（二）染色体计数

计细胞的染色体总数时，最好根据细胞中染色体自然分布的区域进行分区计数，然后再求和，否则容易造成计数的重复或遗漏。至少选择 10 个染色体分散良好的中期细胞进行染色体计数。

注意事项

1．培养箱的温度应严格控制在（37±0.5）℃。

2．PHA 的质量、浓度及处理时间是细胞培养成功与否的关键。

3．秋水仙素用量过大会造成染色体过分收缩，形态特征模糊；用量过小会使中期分裂相减少。

4．低渗处理的时间长短极为重要。时间太短，染色体分散不理想；过长则易导致细胞膜破裂，染色体丢失。

5．固定液要临用时配制，固定应彻底，否则染色体会出现毛刷状，并存在细胞质背景。

6．肝素用量适宜，太多会抑制淋巴细胞的转化，太少又容易出现凝血现象。

作业与思考

1. 在人外周血淋巴细胞培养时，向培养基中加入 PHA 有什么作用？
2. 为什么培养细胞在收获前 4～5h，要加入一定量的秋水仙素？

扫一扫 看答案

【附】试剂的配制

1. RPMI 1640 培养液　RPMI 1640 干粉培养基一袋或准确称取 10.4g，$NaHCO_3$ 2.0g，溶于 800ml 三蒸水中，用 5% $NaHCO_3$ 溶液或 1mol/L HCl 溶液调节 pH 至 7.0，定容至 1000ml。用无菌玻璃滤器过滤除菌，分装后置于 4℃冰箱内保存备用。
2. RPMI 细胞培养液　无菌条件下量取 RPMI 1640 培养液 16ml、小牛血清 4ml、庆大霉素 5μl，混匀，然后将其分装于 4 个培养瓶中，每个培养瓶 5ml，用胶塞塞紧瓶口，置于 4℃冰箱内保存，30d 内均能有效使用。
3. 0.2%肝素液　0.2g 肝素溶于 100ml 0.85%NaCl 溶液，过滤除菌后分装保存备用。
4. 固定液　甲醇：冰醋酸＝3：1（临时配制）。

（四川大学　杨春蕾）

实验十二

染色体 G 显带及 SCE 标本的制备与观察

实 验 目 的

1. 掌握染色体 G 显带和 SCE 标本的观察分析方法。
2. 熟悉染色体 G 显带和 SCE 标本的制备方法。

实 验 用 品

一、器材

CO_2 细胞培养箱、显微镜、恒温水浴箱、干燥箱、染色缸、镊子、培养皿、30W 紫外灯。

二、材料

未染色的人染色体玻片标本、SCE 玻片标本。

三、试剂

胰蛋白酶液、Giemsa 原液、pH6.8 的 PBS、2×SSC 溶液、BrdU 液、0.25% 的胰蛋白酶、0.4%酚红、3%Tris 溶液、100μg/ml 的秋水仙素溶液。

实 验 内 容

一、人染色体 G 显带标本的制备和观察

（一）实验原理

染色体沿纵轴上分布有不同类型的蛋白质，对胰蛋白酶的敏感性有差异。用 Giemsa 染料染色后，对胰蛋白酶不敏感的染色体区段保持正常的核蛋白结构，吸收染料而呈现深色带；而对胰蛋白酶敏感的区段着色较浅。因而染色体标本经胰蛋白酶预处理和 Giemsa 染色后，在染色体纵轴上可显示出明暗相间的带纹。

（二）G 显带标本的制备

1. 用生理盐水（0.85%NaCl 溶液）（或 pH6.8 的 PBS）配制 0.25%的胰蛋白酶溶液 50ml，倒入染色缸，置 37℃水浴锅中，然后再加入 0.4%酚红 2 滴，并以 3%三羟甲基氨基甲烷（Tris）溶液调 pH 达 7.0。

2. 取出放在 56℃烘箱中存放 24h 的未染色的人外周血淋巴细胞染色体玻片标本，放入预热至 37℃的胰蛋白酶溶液中消化 50～120s，1：10 Giemsa（Giemsa 原液：pH7.0 的 PBS）染色 10min，用清水轻轻冲洗、晾干，镜下观察染色体带纹并判断消化情况，确定是否调整消化时间，最终获得显带清晰的标本。

（三）G 显带标本的观察

取 G 显带的染色体标本，先在低倍镜下找到分散良好的中期分裂相细胞，再转换油镜观察。可见每一条染色体的长轴上显示出一条条明暗相间的带纹，其宽窄不一（图 12-1）。仔细观察不同的染色体，其长臂和短臂上明带和暗带的数量、宽窄及位置都有所不同，但同源染色体上有相同带纹，每一对染色体都有其特定的带纹。因此，可用染色体显带技术来准确识别每一号染色体。例如，7 号染色体带纹明显，且短臂远侧端有一条带着色很深，宛如“瓶盖”；19 号染色体着色很浅，仅在着丝粒着色深。

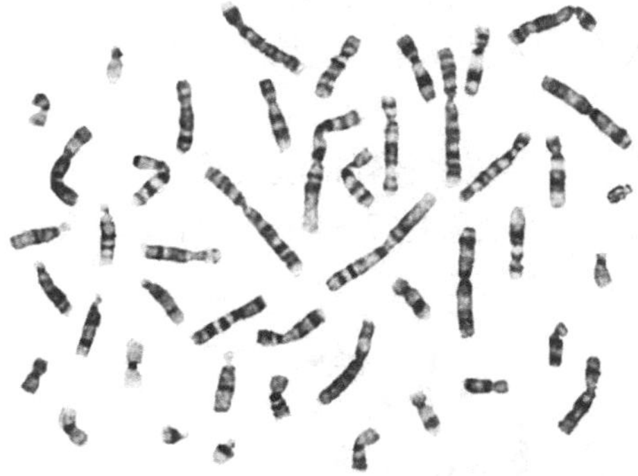

图 12-1　人染色体 G 显带

二、SCE 标本的制备与观察

（一）实验原理

5-溴脱氧尿嘧啶核苷（5-bromodeoxyuridine，BrdU）是一种碱基类似物，在 DNA 复制过程中，BrdU 可取代胸腺嘧啶核苷而掺入到新复制的 DNA 链中。经过两次复制后形成的同一染色体的两条姐妹染色单体一条是由单股含 BrdU 的 DNA 所组成，另一条是由双股含 BrdU 的 DNA 链所组成，而这种双股含有 BrdU 的

DNA 链具有螺旋化程度较低的特性，可降低其对某些染色剂的亲和力，当用 Giemsa 染色时，这种由双股都含有 BrdU 的 DNA 链所组成的单体着色较浅，而由单股含 BrdU 的 DNA 链所组成的单体着色较深。因此，在显微镜下可观察到一条染色体的两条姐妹染色单体出现深浅不同的颜色。

姐妹染色单体交换（sister chromatid exchange，SCE）技术能够显示两条姐妹染色单体在相同位置上同源对称片段的交换。研究证明，许多诱变剂和致癌物质均可诱发 SCE，使 SCE 频率升高。所以 SCE 频率是反映 DNA 损伤的灵敏指标，被广泛应用于 DNA 复制、细胞周期及毒理遗传学等领域的研究。

（二）SCE 标本的制备

1．细胞培养　取人外周血 0.2～0.3ml（肝素抗凝），接种在含 PHA 的 RPMI 1640 培养基中，置入 37℃的培养箱中培养。

培养 24h 后加入 500μg/ml 的 BrdU 0.1ml，使终浓度为 10μg/ml，37℃下避光继续培养 48h，收获细胞前 4～5h 加入浓度为 100μg/ml 的秋水仙素溶液，使终浓度为 0.4μg/ml，按照常规空气干燥法制片。

2．SCE 标本的制备

（1）将染色体标本片置入 37℃干燥箱中干燥 24h。

（2）将干燥后的玻片标本放入培养皿中（标本片用牙签垫起来），滴加 2×SSC 溶液于玻片上，其上覆盖一张擦镜纸，以保持标本片湿润。

（3）将培养皿置入 56℃水浴箱中，在培养皿上方 10cm 处用 30W 紫外灯照射 30min。

（4）用镊子揭去擦镜纸，清水轻轻冲洗玻片。

（5）干燥后用 Giemsa 染液染色 7～8min（注意不宜染得太深），清水缓慢冲洗后便制成了 SCE 标本（图 12-2）。

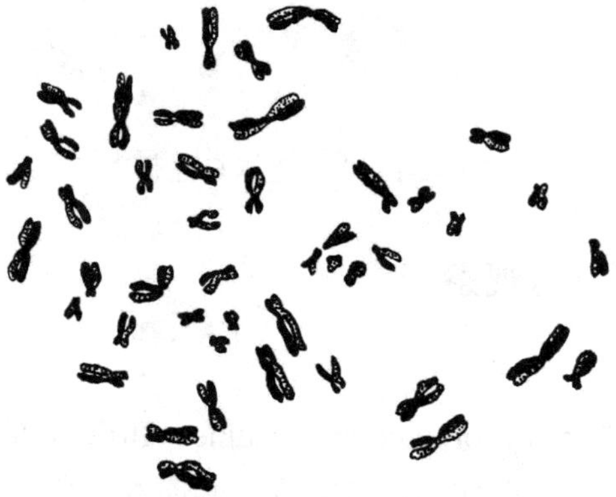

图 12-2　人外周血淋巴细胞中期染色体（示 SCE）

（三）SCE 标本的观察分析

1．SCE 标本的观察 取质量较好的 SCE 玻片标本置于显微镜下观察，在分散良好的中期分裂相细胞中可以看到每一染色体的两条染色单体着色深浅不同。仔细观察可见有些染色体的两条染色单体染色深浅有交叉，即一条染色单体上既有一部分深色，也有一部分浅色，两条染色单体的深浅色正好对应。这种现象说明姐妹染色单体发生了交换。

2．SCE 标本的分析 选择姐妹染色单体色差清晰，数目完整的分裂相，油镜下计数每个核型 SCE，每一末端交换计为 1 次交换，每一长短臂中间交换计为 2 次，试计算 10～20 个细胞的 SCE 数，并计算其平均数——SCE 频率。

$$\text{SCE 频率}=\frac{\text{累计互换数}}{\text{观察细胞总数}}$$

作业与思考

1. 制备染色体 G 显带标本有哪些注意事项？
2. 观察 15～20 个染色体分裂中期相，计算 SCE 频率。

扫一扫 看答案

【附】试剂的配制

1. 0.25%胰蛋白酶 称取胰蛋白酶粉末 0.25g 于研磨器中（夏天研磨器应放在冰浴中），加入少量 Hanks 液研磨 1000 次左右，调制成糊状。再加入 4℃预冷的 Hanks 液至 100ml，使胰蛋白酶浓度达到 0.25%，4℃下磁力搅拌使完全溶解。过滤除菌，−20℃冻存。
2. 0.4%酚红 取酚红 1g 溶于 3ml 1mol/L NaOH 中，待完全溶解后，加入双蒸水至 250ml。
3. 3%三羟甲基氨基甲烷(Tris)溶液 取 3g 三羟甲基氨基甲烷，加水定容至 100ml。
4. 2×SSC 溶液 取 NaCl 7.53g、柠檬酸钠 8.82g，溶于 1000ml 蒸馏水中，用 1mol/L NaOH 调节 PH 至 7.0。
5. BrdU 液（500μg/ml） 取 BrdU 2mg 溶于 4ml 灭菌的 0.9% NaCl 溶液中，摇匀后避光低温保存。

（川北医学院 申跃武）

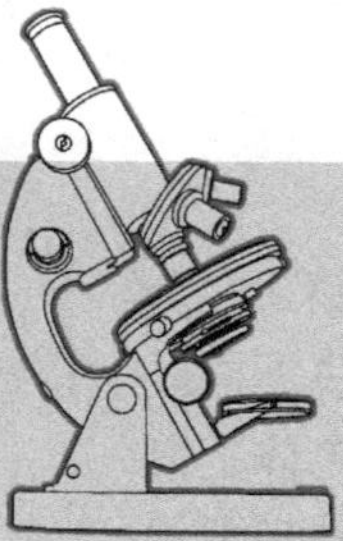

实验十三

人体细胞染色体 G 显带核型分析

实 验 目 的

1. 掌握人类染色体 G 显带的带型特征。
2. 熟悉 G 显带核型分析技术。
3. 了解几种染色体异常与疾病的关系。

实 验 材 料

一、器材

剪刀、胶水、镊子、实验报告纸。

二、材料

人外周血淋巴细胞中期分裂相 G 显带染色体图纸。

实 验 内 容

一、实验原理

染色体的带纹是染色体经过特殊处理后，每条染色体上沿纵轴显示出的一定数量、着色程度不同、宽窄不等的横纹。染色体带是染色体固有的、稳定的特征。

1968 年，瑞典细胞化学家 Caspersson 等用荧光染料芥子喹吖因处理染色体标本后，在荧光显微镜下，发现在每条染色体的短臂和长臂上显示明暗相间的横纹，称之为 Q 带。20 世纪 70 年代后，逐步建立了其他的显带方法，包括 G 带（Q 带的亮带为 G 带的深带）、R 带（显示染色体末端结构）、C 带（显示着丝粒结构异染色质及其他染色体区段异染色质）、T 带（显示染色体端粒）及 N 带（显示 NOR 的酸性蛋白）等。通常是先用胰蛋白酶处理后再用 Giemsa 染色，得到的 G 带与 Q 带相似，标本既可在普通显微镜观察，也可长时间保存，因此染色体 G 显带技术应用广泛。观察分析 G 带染色体，不仅可准确识别非显带标本中难以区分的染色体，还可辨别染色体上较细微的结构畸变，从而提高染色体核型分析的准确性。

核型是指一个细胞有丝分裂中期所有的染色体，并按其大小、形态特征顺序排列构成的图像。人体细胞中有46条染色体，可两两配成23对，从大到小依次编为1、2、3……22及X、Y染色体。根据丹佛体制（Denver system）将人类染色体分为A、B、C、D、E、F、G七组，X染色体在C组，Y染色体在G组。

染色体核型分析是细胞遗传学的重要研究手段，在临床多种疾病如染色体病、白血病、肿瘤等的诊断及研究中具有重要意义。

二、正常人体细胞染色体G带特征

1. A组　包括1～3号染色体。

1号染色体：①短臂分为3个区，短臂近侧段有2条深带，第2深带稍宽，有时远侧段可显示出3～4条浅染的深带，近侧的第1深带为lp21；第2深带为1p31。②长臂分为4个区，长臂副缢痕紧贴着丝粒且染色深，其远侧有一宽的浅带，近中段与远侧段各有两条深带，副缢痕远侧的浅带为q21，中段第2深带为q31，远侧段第1深带为q41。

2号染色体：①短臂分为2个区，短臂上可见4条深带，中段两条深带之间的浅带为p21。②长臂分为3个区，长臂上可见7条深带，第3和第4深带有时融合，第2和第3深带之间的浅带为q21，第4和第5深带之间的浅带为q31。

3号染色体：长臂与短臂的近中段各有1条明显的宽浅带，分别为p21和q21。①短臂分2个区，短臂在近侧段可见1条较宽的深带，远侧段可见2条深带。②长臂分为2个区，长臂一般在近侧段和远侧段各有1条较宽的深带，有时近侧段的深带可分为2条深带，远侧段的深带可分为3条深带，该染色体的G带图有点像蝴蝶结。

2. B组　包括4号染色体和5号染色体。

4号染色体：①短臂只有1个区，其上可见2条深带，靠近着丝粒的深带染色较浅。②长臂分为3区，长臂可见均匀分布的4条深带，近侧段第1和第2深带之间的浅带为q21，远侧段两条深带之间的浅带为q31。

5号染色体：①短臂仅1个区，其上可见2条深带，其远侧的深带宽且着色浓。②长臂分为3个区，长臂近侧段2条深带，染色较浅，中段可见3条深带，染色较深，有时融合成1条宽深带，远侧段可见2条深带，近末端的1条着色较深。中段第2深带为q21，中段深带与远侧深带之间的宽浅带为q31。

3. C组　包括6～12号染色体和X染色体。

6号染色体：①短臂分为2个区，短臂中段有1条明显宽阔的浅带，形如“小白脸”，是该染色体的明显特征，近侧段和远侧段各有1条深带，远侧段的深带有时可分为两条深带，中段的明显宽浅带为 p21。②长臂分为 2 个区，长臂可见 5 条深带，近侧 1 条紧贴着丝粒，远侧末端的 1 条深带着色较浅。第 2 和第 3 深带之间的浅带为 q21。

7 号染色体：①短臂分为 2 个区，短臂有 3 条深带，中段深带着色较浅，远测深带着色深，形似“瓶塞”，远侧段的深带为 p21。②长臂分为 3 个区，长臂有 3 条明显深带，远侧近末端的 1 条着色较浅，第 2 和第 3 带稍接近。近侧第 1 深带为 q21，中段的第 2 深带为 q31。

8 号染色体：①短臂分为 2 个区，短臂上有 2 条深带，中段有 1 条较明显的浅带，这是与 10 号染色体相鉴别的主要特征，中段的浅带为 p21。②长臂分 2 个区，长臂可见 3 条分界极不明显的深带，中段的深带为 q21。

9 号染色体：①短臂分为 2 个区，短臂近侧段和中段各有 1 条深带，中段深带为 p21，显带好时中段深带显示为 2 条较窄的深带。②长臂分为 3 个区，长臂上可见 2 条明显的深带，次缢痕一般不着色，在有些标本上呈现出特有的颈部区，近侧的 1 条深带为 q21，远侧的 1 条深带为 q31。

10 号染色体：①短臂只有 1 个区，短臂近侧段和近中段各有 1 条深带，但与 8 号染色体短臂比较，其上深带的分界欠清晰。②长臂分为 2 个区，其上可见 3 条明显的深带，近侧段明显深带为 q21，远侧段的 2 条深带稍靠近，这是与 8 号染色体相鉴别的一个主要特征。

11 号染色体：①短臂只有 1 个区，短臂近中段可见 1 条深带，在处理较好的标本上这条深带可分为 3 条较窄的深带。②长臂分 2 个区，远侧段可见 2 条紧邻的深带，两深带之间很窄的浅带为 q21，此深带与紧贴着丝粒的深带之间是 1 条宽阔的浅带，它比 12 号染色体相应浅带宽得多。

12 号染色体：①短臂只有 1 个区，其中段可见 1 条明显的深带。②长臂分为 2 个区，近着丝粒处有 1 条深带，中段有 3 条紧挨的深带，其正中一条着色较深为 q21，这 3 条深带与近侧深带之间有 1 条明显的浅带，但与 11 号染色体比较，这条浅带较窄，这是鉴别 11 号染色体和 12 号染色体的主要特征。

X 染色体：其长度介于 7 号染色体、8 号染色体之间，长臂和短臂中段各有 1 条深带与着丝粒距相当，有“一担挑”之名。①短臂分为 2 个区，其中段明显的深带为 p21，有时远侧段可见 1 条窄的着色浅的深带。②长臂分为 2 个区，其上可见 3～4 条深带，近中部 1 条最明显，近中段的深带为 q21。

4. D 组　包括 13～15 号染色体，是近端着丝粒染色体，且在短臂末端有随体。

13 号染色体：长臂分为 3 个区，可见 4 条深带，第 2、第 3 深带较宽且染色较深分别为 q21、q31。

14 号染色体：长臂分为 3 个区，近侧和远侧各有 1 条较明显的深带，分别为 q21、q31。

15 号染色体：长臂分为 2 个区，中段有一条明显深带为 q21，近侧段可见 1～

2 条浅染的深带。

5．E 组　包括 16～18 号染色体。

16 号染色体：①短臂只有 1 个区，短臂中段有 1 条深带，在较好的标本上可见 2 条深带。②长臂分 2 个区，长臂中段深带为 q21，远侧段有 1 条不明显深带，次缢痕近着丝粒且着色深。

17 号染色体：①短臂只有 1 个区，其中段有 1 条深带。②长臂分为 2 个区，长臂远侧段可见 1 条深带，此深带与着丝粒间有明显的宽浅带为 q21。

18 号染色体：①短臂只有 1 个区，一般为浅带。②长臂分为 2 个区，其上有 2 条明显的深带，之间的浅带为 q21。

6．F 组　包括 19 号染色体和 20 号染色体，均为中着丝粒染色体。

19 号染色体：着丝粒及其周围为深带，其余为浅带。短臂和长臂均只有 1 个区。

20 号染色体：着丝粒区深染，短臂和长臂均只有 1 个区。短臂上有一条明显的深带；长臂中段和远侧段可见 1～2 条浅染的深带，有时全为浅带，故此染色体有“头重脚轻”之名。

7．G 组　包括 21 号染色体、22 号染色体和 Y 染色体，均为近端着丝粒染色体。

21 号染色体：其长度比 22 号染色体短，着丝粒区着色淡浅。长臂分 2 个区，其上有 1 条明显的宽深带为 q21。

22 号染色体：其长度比 21 号染色体长，着丝粒区染色深。长臂只有 1 个区，其上可见 2 条深带，近侧的 1 条着色深且紧贴着丝粒，近中段的 1 条着色淡，在有的标本上不显现。

Y 染色体：长度变化大，有时整个长臂被染成深带，在处理好的标本上可见 2 条深带。

三、核型分析的方法

将预先准备的 G 显带染色体图纸上的染色体逐条剪下，然后按《人类细胞遗传学命名的国际体制》（ISCN）分组排列于实验报告纸的相应位置上。染色体剪贴方法是按照每号染色体的 G 带带型特点先明确区分出各号染色体，并排列在正确的位置上。可先排列形态特点明显、容易鉴别的各组染色体，然后再排列较难鉴别的各组染色体。如首先选取最大的 A、B 两组的染色体，再选属于近端着丝粒的 D 组、G 组染色体，然后选较小的 E 组、F 组染色体，最后确定中等大小、最难区分的 C 组染色体。

排列时将染色体的短臂朝上，长臂朝下，着丝粒最好位于一条直线上。反复仔细调整好后，用胶水粘贴于实验报告纸上，标出分析结果（图 13-1～图 13-3）。

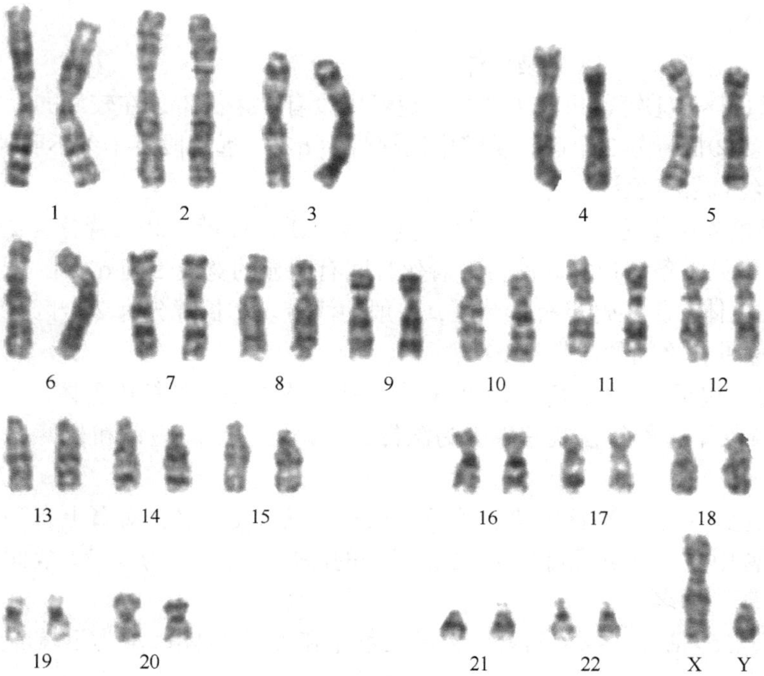

图 13-1　正常男性核型：46，XY

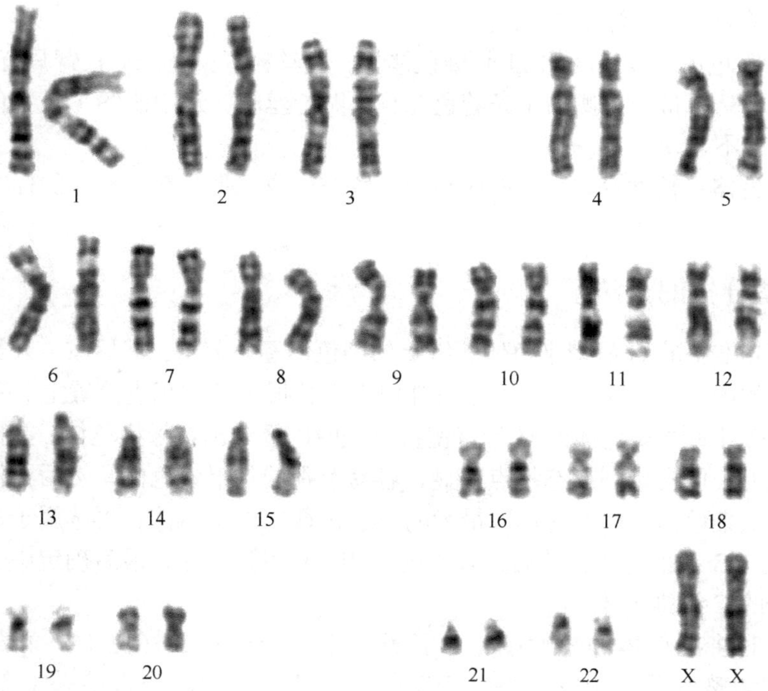

图 13-2　正常女性核型：46，XX

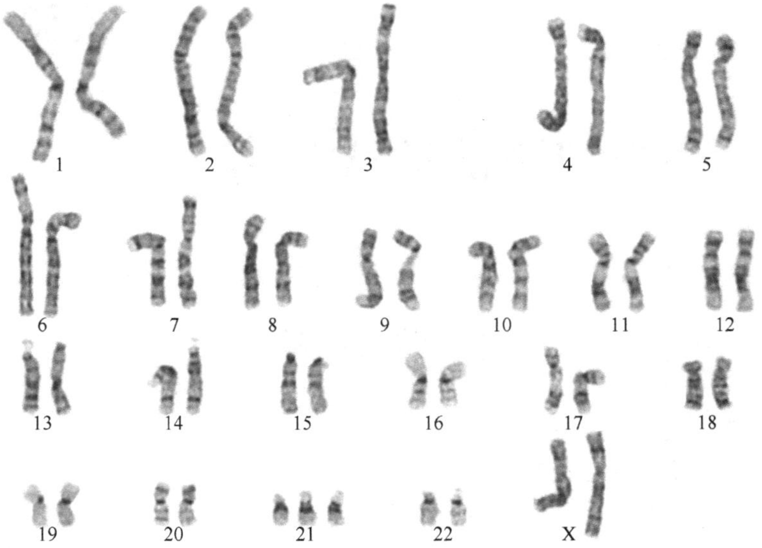

图 13-3　21 三体型先天愚型女患者核型：47，XX，+21

作业与思考

1. 剪贴显带染色体核型图。
2. 怎样识别人类 G 带染色体？

扫一扫 看答案

【附】人类染色体 G 带歌谣

一秃二蛇三蝶飘，四像鞭炮五黑腰，六号像个小白脸，七上八下九苗条，
十号长臂近带好，十一低来十二高，十三、四、五三二一，十六长臂缢痕大，
十七长臂带脚镣，十八白头肚子饱，十九中间一点腰，二十头重脚飘飘，
二十一好像黑葫芦瓢，二十二头上一点黑，X 染色一担挑，Y 染色长臂带黑脚。

（川北医学院　陈保锋　申跃武）

实验十四

动物细胞的原代培养

实 验 目 的

1．掌握用倒置显微镜观察培养细胞的方法。
2．熟悉细胞培养过程中的无菌操作技术要领。
3．了解细胞原代培养的基本操作方法。

实 验 用 品

一、器材

超净工作台、恒温培养箱、普通显微镜、倒置相差显微镜、水浴箱、离心机、解剖剪、眼科剪、镊子（尖头、平头和有钩镊）、小烧杯、15cm^2 培养瓶、25cm^2 培养瓶、离心管、表面皿、冻存管（1ml）、吸管、细胞计数板、吸管橡皮头、橡皮瓶塞、酒精灯、喷灯、75%酒精棉球，记号笔、小布袋。

二、材料

新生乳鼠。

三、试剂

磷酸缓冲液（PBS，pH7.2～7.4）、RPMI 1640 培养液（含 10%小牛血清、100U/ml 青霉素、100μg/ml 链霉素）、0.25%胰蛋白酶、75%乙醇。

实 验 内 容

一、组织块培养法

（一）实验原理

从生物体中取出某种组织或细胞，模拟体内生理条件，在人工培养条件下使其生存、生长、繁殖或传代，这一过程称为细胞培养。细胞培养技术的最大优点是使人们得以直接观察活细胞，并在有控制的环境条件下进行实验，避免了体内实验时的许多复杂因素，还可以与体内实验互为补充，可同时提供大量生物性状相同的细胞作为研究对象，耗费少，比较经济，因此成为生物学研究的重要手段。

细胞培养是一种程序多而复杂、要求条件严格的实验性工作。因为离体细胞的生长都要受温度、渗透压、pH、无机盐等许多因素的影响，对消毒、配液等均有严格规范的要求，特别是无菌操作是细胞培养成败的关键。

常用的原代培养方法有组织块培养法和消化培养法。组织块培养法即把组织块切割成 0.5～1mm^3 的小块后，由于组织块体积很小，在不加任何黏着剂情况下，它们也能直接附于瓶壁上（图 14-1），然后细胞自组织块边缘向外生出生长晕，最后连接成片形成单层细胞，此方法程序比较简单，是常用的方法。但由于在反复剪切和接种过程中对组织块的损伤，并不是每个小块都能长出细胞，此法特别适合于组织量少的原代细胞培养。

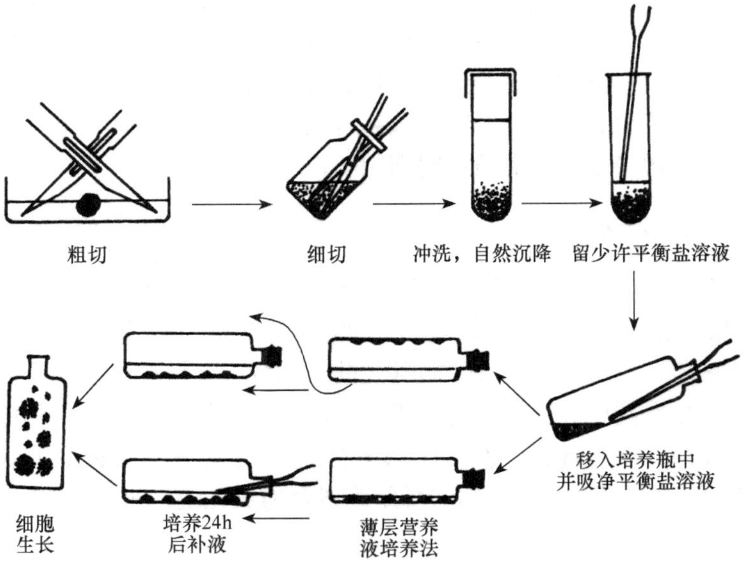

图 14-1　组织块培养法示意图

（二）无菌操作的要领和要求

由于体外培养的细胞缺乏机体抗感染功能，所以在每一步操作中要尽量做到最大限度的无菌，防止细菌、支原体、真菌等的污染。

1．培养前准备　为做好培养前用品的充分准备工作，根据实验内容的要求收集好已消毒的所需用品，清点无误后置于超净工作台内，这样可避免操作开始后由于用品不全、往返取物而增加污染机会。

2．超净工作台消毒　打开紫外线杀菌灯照射消毒 20～30min，然后关闭紫外灯打开风机，流入的空气是经过除菌板过滤的空气，工作台内可保持无菌环境。为防止培养细胞和培养液等受到紫外线照射，消毒前应预先将其放在带盖容器内或在操作时随手携入。

3．洗手　操作时因整个前臂要伸入超净工作台内，所以洗手时，一定要洗刷到肘部，然后用 0.2%新洁尔灭擦洗或用 75%酒精棉球擦拭。

4．火焰消毒　在超净工作台无菌环境中操作时，首先要点燃酒精灯，此后一切操作如安装吸管橡皮头、打开或加盖瓶塞、使用吸管等都要经过火焰稍稍烧灼，或在近火焰处进行。注意金属器械不能在火焰上烧灼时间过长。烧过的用具都要待冷却后再接触细胞，否则细胞会烧焦形成炭沫，其再用时会把有害物质带入培养液中。

5．操作　进行培养操作时动作要准确敏捷，但又不能太快，以防空气流动增加污染机会。不能用手触及器皿的消毒部分。如已接触，要用火焰烧灼消毒或更换。为拿取方便，工作台面上的用品应布局合理。原则上是右手使用方便的用品放在超净工作台右侧，左手使用方便的用品放在左侧；酒精灯置于中央。培养液等不要过早开瓶，打开的培养液和培养用瓶等应保持斜位或平放，长时间开口直立，易增加落菌机会，造成污染。吸取各种用液时均应分别使用不同吸管，不能混用，以防扩大污染或增加混淆不同细胞的机会。

（三）方法和步骤

1．取材　取新生乳鼠一只，采用颈椎脱臼法处死，然后把整个小鼠浸入盛有 75%乙醇的烧杯中 2～3s 后，随即带入超净台内，取出后置于消毒的培养皿中。打开消毒器械包，用镊子提起乳鼠腹部皮肤，用解剖剪剪开腹腔和胸腔，并剪去部分胸壁以充分暴露胸腔。再用另一镊子轻轻夹起粉红色肺组织将其剪下，或在腹腔背壁脊柱两侧取下肾脏，放入另一培养皿中，用吸管吸取 PBS 液加入培养皿中，清洗 2～3 次去掉血污。然后将肺组织或肾剪成几块，再用 PBS 漂洗，去净血液为止。

2．剪切　将洗净的组织块移入消毒的培养皿中，用眼科剪反复剪，剪成 0.5～1mm^{3}的小块，然后用吸管加几滴培养液（这与图 14-1 中的步骤有些差异，如用到了平衡盐溶液），轻轻吹打混匀。

3．接种　用吸管分次吸取小碎块悬液（注意：应吸在吸管端部，不能吸得过高，以免黏附在管壁上无法吹出而丢失），在培养瓶底壁上散开均匀，25cm^{2}的培养瓶可接种 20～30 个组织块。

4．培养　组织块放置好后，翻转培养瓶，加入 2～3ml 培养液，塞紧瓶塞，标好日期和组号，置入 37℃恒温箱中 4～5h，待组织小块略干燥能牢固贴于瓶壁时，再慢慢翻转培养瓶（动作一定要轻，减少振动，防止组织块脱落），使培养液浸泡组织块静置培养。若组织块不易贴壁，可预先在瓶壁涂上薄层血清、胎脂或鼠尾胶原等。

5. 观察 静置培养3d后开始用倒置相差显微镜观察。在移动培养瓶时要尽量不使培养液振荡撞击组织小块。除注意检查有无污染外，在倒置相差显微镜下将已贴壁的组织小块逐个移入视野，观察其边缘有无细胞，一般最先出现的是形态不规则的游走细胞，接着是成纤维细胞或上皮细胞。当出现细胞分裂、细胞数量增多时，在组织块周围可见到生长晕。随后细胞生长分裂较快，呈放射状向外扩展逐渐连成片。根据培养液颜色变化，补加或更换培养液。10～15d 细胞可长成单层，此时即可进行传代培养。

二、消化培养法

（一）实验原理

所有组织中都含有一定量的细胞间质（纤维和基质等），对细胞在体外生长有妨碍作用，消化培养法就是用特定的胰酶消化除去组织中的间质，使组织松散成单个细胞或较小的细胞团（细胞易于从外界获取养分和排出代谢产物），经接种后细胞可在短时间内生长成片，可以很快得到大量活细胞。本方法适用于培养大量组织，原代细胞产量高，但采用消化法进行原代培养时生长出的细胞种类较复杂，各类细胞常混杂生长，这不但增加了以后分离纯化细胞的难度，而且操作较烦琐、易污染。

（二）方法与步骤

1. 取材与剪切同组织块培养法。

2. 将剪切的组织块移入消毒的青霉素小瓶中，用眼科剪伸入瓶内反复剪切组织直至成0.5mm^3大小的块为止。加入5～8倍量的0.25%胰蛋白酶，盖好橡皮塞，放在37℃水浴中消化20～30min，注意每隔5min振摇一次。当组织块变得疏松，颜色略变白时，即从水浴中取出带入超净台内，用吸管反复吹打，使大部分组织块分散成细胞团或单个细胞状态，加入1～2ml培养液以终止消化，静止片刻，让未被消化完的组织块自然下沉，然后将细胞悬液移入消毒离心管中并盖好橡皮塞。

3. 离心和计数 将离心管做好标记，平衡后以 800～1000r/min 离心 8min。在超净台内吸去上清液，加入3ml培养液，吹打混匀后取样计数，根据计数结果调整细胞浓度为5×10^5个/ml。

4. 接种培养 每15cm^2培养瓶接种1ml细胞悬液，再添加4ml培养液，盖紧瓶塞，标上名称、组号和日期，在倒置相差显微镜下观察细胞分散情况后，置37℃温箱中培养。

5. 观察 每天要对接种培养的细胞做常规性检查，观察的主要内容包括污染与否、细胞生长状态和pH（培养液颜色变化）等情况。如发现培养液变为柠檬黄色又显混浊，表明已被污染，细胞也就不易贴壁生长而逐渐死亡。如培养液变成紫红色，可能系培养瓶有裂口或瓶塞漏气，CO_2 逸出或由于细胞生长不良有大量死亡。如培养液为橘红色，一般说明细胞生长状态良好。

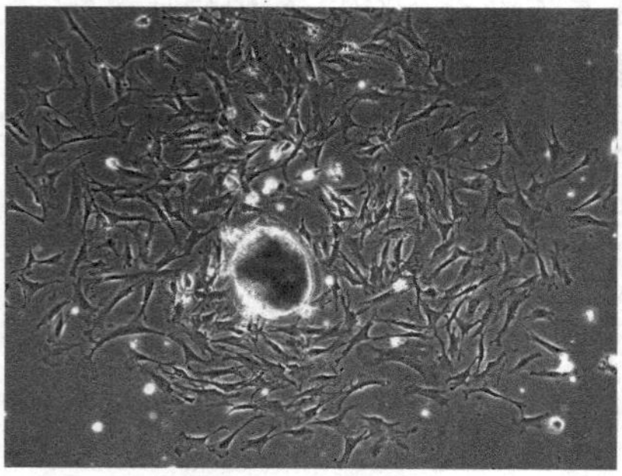

图 14-2 乳鼠肺组织原代培养 3d 细胞

如果没有发生污染，接种 24h 后，可见到许多细胞贴壁（由圆形悬浮状态的细胞延展成短梭状）。培养 3～4d 时，细胞生长、分裂，数量增加，并可见细胞形成孤立小片（细胞岛），随培养时间延长逐渐扩展，此时的细胞透明，内部颗粒少，界线清楚（见图 14-2）。由于细胞生长旺盛，代谢产物不断堆积，CO_2 增多，培养液逐渐变酸呈黄色，但液体仍澄清，此时可换液一次，7～10d 细胞已基本铺满瓶壁形成致密单层，这时可进行传代培养。

作业与思考

1. 根据自己操作实践写出细胞原代培养的实验记录（包括逐日对细胞进行观察结果的描述）。如培养未成功，应记下所分析的原因。
2. 细胞培养过程中，培养液为什么会变酸？如果这时不换培养液，将会出现什么情况？
3. 细胞培养过程中如何防止污染是一个很重要的问题，结合自己整个实验操作，你认为哪几个是关键步骤？
4. 观察原代细胞培养中的细胞类型，并根据以往的知识初步分析哪类细胞属于成纤维样细胞，哪类细胞属于上皮样细胞？

扫一扫 看答案

【附】试剂的配制

1. PBS 参见实验四的配制方法。
2. RPMI 1640 培养液 参见实验十一的配制方法。使用时加入青霉素、链霉素（最终浓度为每毫升含 100U 青霉素和 100μg 链霉素）及灭活小牛血清（10% 或 15%）。
3. 0.25%胰蛋白酶 称取胰蛋白酶粉末 0.25g 于研磨器中（夏天研磨器应放在冰浴中），加入少量 Hanks 液研磨 1000 次左右，调制成糊状。再加入 4℃预冷的 Hanks 液至 100ml，使胰蛋白酶浓度达到 0.25%，4℃下磁力搅拌使完全溶解。过滤除菌，−20℃冻存。

（四川大学 杨 军）

实验十五

培养细胞的传代及冻存复苏

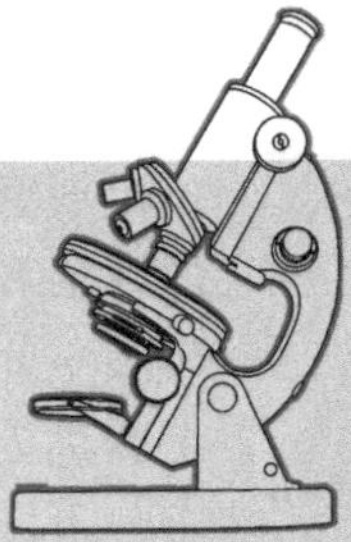

实 验 目 的

1. 掌握细胞培养过程中的无菌操作技术。
2. 熟悉细胞传代培养的方法和步骤。
3. 了解细胞冻存和复苏的方法。

实 验 用 品

一、器材

超净工作台、倒置显微镜、CO_2细胞培养箱、离心机、高压消毒锅、电热干燥箱、电子天平、液氮罐、眼科剪、手术剪、手术镊、长镊（20cm 以上）、酒精灯、吸管（弯头和直头）、25ml 卡氏培养瓶、培养皿、100ml 烧杯、10ml 离心管、计数板、手动计数器、2.5ml 细胞冻存管、带盖搪瓷罐或带盖不锈钢杯、记号笔、3 层纱布小袋。

二、材料

80%或接近汇合的小鼠胚胎细胞 1～2 瓶。

三、试剂

Hanks 液、D-Hanks 液、0.25%胰蛋白酶＋0.02%乙二胺四乙酸（EDTA）消化液、DMEM 培养液（含 10%FBS 和抗生素）、Hanks 液＋20%FBS＋10%DMSO（或甘油）冻存液、0.1%台盼蓝染液。

实 验 内 容

一、培养细胞的传代

（一）实验原理

原代培养细胞由于细胞游出数量增加和细胞的增殖，使单层培养细胞相互汇合，整个瓶底逐渐被细胞覆盖。这时需要进行分离培养，否则细胞会因生存空间不足或密度过大或营养不足而引起细胞衰老，停止生长甚至死亡。为了维持细胞的存活和生长，必须进行再培养，即将原代培养瓶中的细胞分离、稀释、接种到生长空间更大的新培养瓶内继续扩大培养，这个过程称为传代，进行一次分离再培养称为传一代。

不同细胞传代培养的方法不同。悬浮生长的细胞可采用直接或离心分离后传代，或自然沉降法吸除上清后再吹打传代。贴壁生长的细胞用消化法传代，部分贴壁生长的细胞用直接吹打即可传代。

贴壁生长细胞传代时常用胰蛋白酶消化，它可以破坏细胞与细胞、细胞与培养瓶之间的连接，从而使它们间的连接减弱或完全消失，经胰蛋白酶处理后的贴壁细胞在外力（如吹打）的作用下可分散成单个细胞，再经稀释和接种后就可以为细胞生长提供足够的营养和空间，达到细胞传代培养的目的。

（二）实验方法和步骤

细胞传代流程如图 15-1 所示。

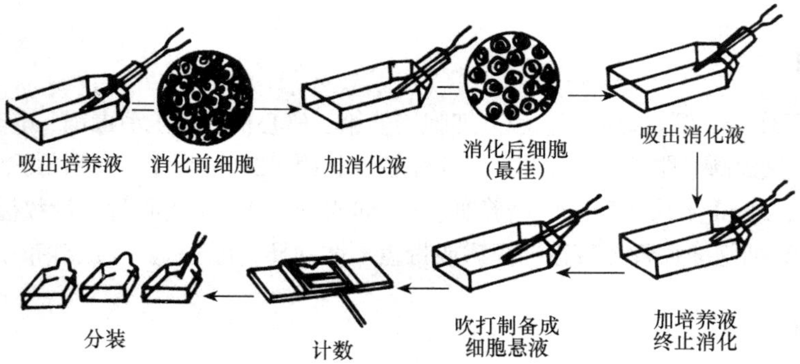

图 15-1 贴壁细胞消化传代操作步骤

1. 取 80%或接近汇合的培养细胞，使培养瓶的细胞面向上，将培养液倒入污物缸内（或用吸管吸出培养液），用 2ml Hanks 液清洗一次。

2. 向培养瓶内加入胰蛋白酶和 EDTA 混合液 2ml。

3. 室温下将培养瓶置于倒置显微镜下观察，当发现细胞质回缩，细胞之间相互接触松散、间隙增大，出现蜘蛛网状结构时，立即将培养瓶直立终止消化（约需 3min）。用肉眼观察可见培养瓶的细胞面出现类似水汽的一层结构，这是因为细胞被消化后部分细胞回缩，细胞间出现间隙，有细胞的地方透光性降低，无细胞的地方透光性增加，使得细胞面透光不均匀，产生水汽样结构。

4. 去除消化液，向瓶内加入 Hanks 液 3ml，轻轻转动培养瓶，把残余消化液冲掉（注意加 Hanks 液冲洗细胞时动作要轻，以免把已松动的细胞冲掉）。

5. 加培养液 5ml，用吸管吸取培养液轻轻反复吹打瓶壁细胞，使之从瓶壁脱离形成细胞悬液。吹打勿用力过猛，以免损伤细胞。

6．把细胞悬液分成 4 等份接种于 4 个培养瓶中，各瓶加培养液至 3ml，置入培养箱中培养。每隔 3 天换液一次，并注意观察细胞传代培养后的形态变化。

注意事项

原代培养细胞的首次传代很重要，是建立细胞系的关键。首次传代一般要注意以下几点。

1．细胞没有生长到足以覆盖瓶底壁的大部分表面以前，不要急于传代。把握好传代时机，在细胞生长到 80%～90%汇合时传代最好，过早传代细胞产量少，过晚传代细胞健康状态不佳。

2．原代培养时细胞多为混杂生长，上皮样细胞和成纤维样细胞并存的情况多见，传代时不同的细胞有不同的消化时间，因而要根据需要注意观察及时处理，并可根据不同细胞对胰蛋白酶的不同耐受时间而分离和纯化所需要的细胞。另外，早期传代的培养细胞较已经建立细胞系的培养细胞消化时间相对较长。吹打细胞时动作要轻巧，尽可能减少对细胞的损伤。

3．各种细胞对消化的反应不同（有的敏感，有的迟钝），因此应根据所用细胞特点制定适宜的消化措施。有的细胞附着瓶壁不牢，用吸管可从瓶壁上直接吹下来，但这样容易损伤细胞，导致细胞大片脱落，不易计数。因此，应尽可能采用消化法分散细胞。消化传代良好时，细胞受损害少，细胞悬液均匀，各分装样品中数量误差小，细胞生长增殖速率一致，实验结果可靠性大。

4．消化液浓度要适宜，过浓时消化作用强烈，细胞反应快，所需消化时间短，掌握不好，细胞易流失。用胰蛋白酶与 EDTA 混合液进行细胞消化时，要用 Hanks 液充分洗涤细胞以去除 EDTA，因为 EDTA 的残留会影响细胞的贴壁生长。

二、细胞的冻存和复苏

（一）实验原理

许多细胞为有限细胞系，体外传代到一定代数后就不可避免地发生衰老和凋亡，需要及时冻存细胞以达到维持和保存细胞系的目的。细胞复苏是与细胞冻存相配套的技术，所有冻存的细胞只有在解冻复苏后进行传代培养才可以维持细胞系。因此，细胞的冷冻保存与复苏是细胞培养的常规工作和必须掌握的基本技术。

细胞若不加低温保护剂而直接进行冻存，细胞内外环境中的水会形成冰晶，导致细胞发生机械损伤、电解质升高、渗透压改变、脱水、pH 改变、蛋白质变性等一系列变化，最终导致细胞死亡。但向培养液中加入甘油或二甲亚砜（DMSO）等冷冻保护剂后，由于它们对细胞无明显毒性，分子质量小，溶解度大，易穿透细胞，可使冰点降低，提高细胞膜对水的通透性。在缓慢的冻结条件下，能使细胞内水分在冻结前透出细胞外，在细胞外形成冰晶，提高细胞内的电解质浓度，减少细胞内冰晶的形成，从而减少由于冰晶形成造成的细胞损伤。由于液氮温度极低(−196℃)，储存在液氮中的细胞代谢活动停止，理论上可以做无限期的保存，是细胞长期储存的理想方法。

复苏细胞与冻存细胞的要求相反，应采用快速融化的手段。这样可保证细胞外结晶在很短的时间内融化，使之迅速通过最易受损的−5～0℃，避免由于缓慢融化使水分渗入细胞内形成细胞内再结晶对细胞造成损害。

（二）实验方法和步骤

1. 收集细胞　选对数生长期小鼠胚胎细胞，用0.25%胰蛋白酶＋0.02%EDTA消化液消化，细胞悬液于1000r/min离心5min，弃上清液，用Hanks液清洗细胞1～2次。

2. 稀释　用配制好的Hanks液＋20%FBS＋10%DMSO（或甘油）细胞冻存液稀释细胞，用吸管轻轻吹打重悬细胞使之充分混匀，调整细胞浓度为5×10^6～10×10^6个/ml（若1瓶细胞数量不足则用2瓶或更多瓶细胞）。

3. 分装　将细胞悬液分装于2.5ml无菌细胞冻存管内，每管加入细胞悬液约2.3ml，拧紧冻存管螺帽，并在冻存管壁上做好记录。

4. 冻存　标准的冻存程序为降温速率1～2℃/min；当温度达−25℃以下时降温速率可增至5～10℃/min；到−100℃时则可迅速浸入液氮中。要适当掌握降温速率，过快会影响细胞内水分渗出，太慢则促进冰晶形成。各种细胞对冻存的耐受性不同，一般来讲，上皮细胞和成纤维细胞耐受性大，骨髓细胞较差。要精确控制冷冻速率需要细胞冻存器，无此设备一般可以采用以下冻存方法来控制冷冻速率。

方法一：将细胞冻存管放入塑料小盒或泡沫小盒中，然后将小盒放入−70℃冰箱中，3h后取出小盒，将细胞冻存管放入纱布小袋中，并放入液氮罐，在液氮表面上停留30min后直接投入液氮中。

方法二：将细胞冻存管放入塑料小盒或泡沫小盒中，将小盒放入−20℃冰箱中，待冷冻液完全结冰后（约需3h）取出小盒内的细胞冻存管，放入纱布小袋中，然后投入液氮罐的液氮蒸气中，逐渐下降到液氮表面（30～40min），停留30min后投入液氮中。

方法三：将细胞冻存管装入纱布小袋中，从液氮罐口缓慢放入，按−1℃/min的降温速率，在30～40min内使其到达液氮表面，再停留30min后投入液氮中。

5. 解冻　用长镊从液氮灌中取出细胞冻存管，立即投入38℃水浴中，快速摇晃，直至冻存液完全融化。

6. 洗涤　从38℃水浴中取出冻存管，用乙醇或酒精棉球消毒冻存管后，打开螺帽，用吸管吸出细胞悬液，注入离心管并立即加入5倍以上Hanks液，混匀后1000r/min离心5min，弃上清液，重复用Hanks液或培养液重悬细胞，漂洗、离心2次。

7. 接种　加入培养液适当稀释，调整细胞浓度到5×10^5个/ml，以每瓶3ml

接种到 25ml 培养瓶中，置 37℃、5% CO_2 的细胞培养箱中培养，次日更换一次培养液，继续培养。根据细胞生长情况及时传代。

8．冷冻效果评价　用前面学习过的细胞活性检查方法，用台盼蓝染色复苏后的细胞，记录活细胞所占比例。

注意事项

1．冻存操作和添加液氮时特别要注意戴护目镜和防冻手套，以免液氮伤人，切勿用裸手直接接触液氮，以免冻伤。

2．塑料冻存管的管间胶圈易破，使用前一定要仔细检查，冻存细胞时塑料冻存管一定要拧紧，以免解冻时空气突然膨胀引起爆炸和解冻时发生污染。

3．液氮量要定期检查，在发现液氮挥发 1/2 时要及时补充。

4．细胞冻存后，留在液氮罐外的细线要做好标记并做到沿着罐口顺序摆放，以免相互缠绕拿取不便。细胞在液氮中储存时间理论上是无限的，但为妥善起见，对未被冻存过的细胞首次冻存后要在短期内复苏一次，观察细胞对冻存的适应性。已建系的细胞最好每年取一支复苏一次后，再继续冻存。

作业与思考

1. 肉眼观察细胞消化时培养瓶底部的变化，并与显微镜下细胞的变化相比较，分析出现这种变化的原因。
2. 观察细胞传代培养不同时间后细胞形态变化，与原代培养细胞进行比较。
3. 传代培养操作过程中消化细胞的目的是什么？
4. 细胞传代培养和细胞分裂之间有何联系？细胞传代培养一次是细胞分裂一次吗？
5. 冷冻过程中为什么要用慢速冷冻，而不采用直接将细胞放入液氮中的超速冷冻方法？
6. 在细胞复苏时，融化的细胞悬液为什么需要用 5 倍以上 Hanks 液或培养液稀释后才离心？
7. 如何操作才能保证细胞传代及培养过程中无微生物污染？

扫一扫　看答案

【附】试剂的配制

1. 细胞冻存液　Hanks 液、20%FBS、10%DMSO（或甘油）按 7：2：1 配制而成。
2. 0.1%台盼蓝染液　将 0.1g 台盼蓝粉溶于 100ml 生理盐水中，加热使其完全溶解，用滤纸过滤除渣，装入瓶内室温保存。

（成都中医药大学　许　勇　杨　彧）

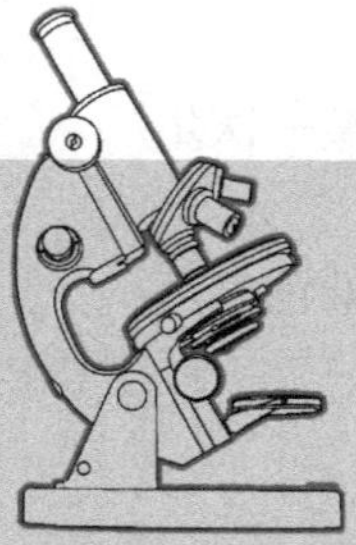

实验十六

培养细胞的活力测定

实验目的

1. 掌握细胞计数板的使用方法。
2. 熟悉常用鉴别死细胞与活细胞的方法。

实验用品

一、器材

显微镜、载玻片、盖玻片、吸管、细胞计数板。

二、材料

各类培养细胞。

三、试剂

台盼蓝、苯胺黑、赤鲜红 B、生理盐水、Hanks 液。

实验内容

一、实验原理

染色排除法是组织培养中检查细胞死活最常用的方法。此方法是以死活细胞对色素的不同吸附能力来判断细胞死活，这种方法简单、适用。但严格地说，它只能判断细胞的代谢死亡，而不反映细胞能否增殖。由于未经固定、染色，所以不能看到死活细胞的形态差别，样品也不能保留。

二、方法和步骤

（一）死细胞着色法

活细胞的细胞膜具有选择通透性，很多物质不能通过细胞膜进入细胞内部，其中就包括一些染料，如台盼蓝、苯胺黑、赤鲜红 B。但细胞死亡后，细胞膜的通透性增加，台盼蓝、苯胺黑、赤鲜红 B 这些染料就能进入细胞内部，将细胞染色。

1. 台盼蓝　将台盼蓝溶于被检测细胞所需的生理盐水中，配成 0.5%～1.0%溶液，调 pH7.0～7.2，每毫升细胞悬液约加 0.1ml 染液，混合后约 2min 即可镜检。死细胞被染成蓝色，因台盼蓝有轻度的毒性，染色时间不宜太长。染色时间若超过 15min，活细胞也会因为受损而着色。台盼蓝染液不宜久存，陈旧者有毒性。

2. 苯胺黑　0.05%苯胺黑 Hanks 溶液以 1∶10 量与细胞悬液混合 1～2min 后，镜检，死细胞着黑色。此染料毒性很小。

3. 赤鲜红 B　细胞先用 Hanks 溶液或 PBS 溶液洗，以除尽培养基中的血清，取适量细胞与 0.02%的赤鲜红 B 混合，2h 之内镜检，死细胞着红色。

（二）活细胞着色法

0.1%的结晶紫生理盐水溶液与细胞悬液 1∶2 混合，立即镜检，活细胞染成蓝色。此外使活细胞着色的染料还有亚甲基蓝（methylene blue）、甲苯胺蓝（toluidine blue）。

用吸管稍吹打以上经染色的细胞悬液，以防细胞下沉，再吸取悬液滴一滴于干净载玻片上，制成临时装片，然后在低倍镜下移动标本片，随机计上、下、左、右、中五个视野内的细胞总数和被染色的细胞数，按以下公式计算细胞的活力：

$$\text{细胞活力}=\frac{\text{细胞总数}-\text{死细胞数}}{\text{细胞总数}}\times 100\%$$

注意事项

台盼蓝染色时时间不宜太长，否则活细胞也要染色。

作业与思考

1. 在计数细胞时当滴加的细胞悬液过多溢到盖片上或盖片下有气泡时，为什么需要重做呢？
2. 你计数的细胞，每毫升的细胞数为多少？该细胞群体的活力为多少？

扫一扫　看答案

【附】细胞计数板的使用

取一副细胞计数板，用软布擦净，把盖片盖在细胞计数板的槽上，然后滴一滴细胞悬液于槽内，细胞悬液会自然流入盖片与计数板之间的计数室内，静置 2～3min，待细胞在计数室中下沉后，在显微镜的低倍目镜下进行计数。计数时，先调焦看清计数板上的格线（注意降低聚光镜，缩小光阑），然后将四角的大格逐个移入视野中心，计数四大格（每大格含 16 小格）中的细胞数（图

16-1)。如细胞压在格线上时，数上不数下，数左不数右。然后按下列公式计算出每毫升悬液中的细胞数。

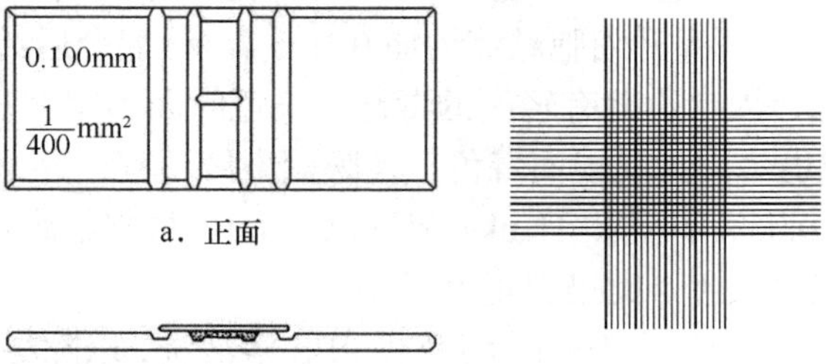

a．正面

b．纵面

c．放大后的方格网计数室

图 16-1　细胞计数板示意图

$$\frac{\text{四大格中细胞总数}}{4}\times 10\,000^{*}\times \text{稀释倍数}=\text{细胞数}/\text{ml悬液}$$

进行细胞计数时应力求准确，因此，在实验研究中往往将计数板上两个计数室都滴加悬液同时计数或重复操作计数2～3次，取其平均值。

*四大格中的每一大格体积为 0.1mm^3，$1\text{ml}=1000\text{mm}^3$，所以一大格细胞数×10 000＝细胞数/ml

（四川大学　杨　军）

实验十七

动物细胞融合

实 验 目 的

1．掌握细胞融合技术及融合率的计算方法。

2．了解 PEG 诱导鸡血细胞融合的原理。

实 验 用 品

一、器材

显微镜、恒温水浴箱、离心机、电子天平、刻度离心管、试管、试管夹、酒精灯、量筒、吸管、载玻片、盖玻片、注射器、烧杯。

二、材料

成年健康公鸡。

三、试剂

肝素钠、Alsever 溶液、生理盐水（0.85%NaCl 溶液）、Hanks 液、聚乙二醇（PEG，M_r＝4000）、0.2%亚甲基蓝染液。

实 验 内 容

一、实验原理

细胞融合（cell fusion）又称细胞杂交（cell hybridization），是两个或多个细胞合并形成一个双核或多核细胞的过程。用人工方法诱导细胞融合是 20 世纪 60 年代发展起来的新兴技术，发展速度非常快，应用范围极为广泛，已成为研究细胞遗传、细胞免疫、肿瘤及生物新品种培育的重要手段。

诱导细胞融合的方法主要有用灭活仙台病毒（Sendai virus）、聚乙二醇（polyethyleneglycol，PEG）和电脉冲法。目前应用最广泛的是 PEG，因为 PEG

易得、简便，且融合效果好。 PEG 可借氢键与 H_2O 结合，高浓度的 PEG 溶液易使细胞脱水而发生质膜结构变化，导致细胞融合。

二、实验方法与步骤

（一）10%鸡血细胞的制备

1．用肝素钠处理后的注射器，在公鸡翼下抽取 2ml 静脉血，加入盛有 8ml Alsever 液的试管中，使血液与 Alsever 液的比例为 1∶4，混匀后可在冰箱中存放一周。

2．取鸡血细胞悬液 1ml 到 10ml 离心管中，加入 9ml 生理盐水（0.85%NaCl 溶液）混匀，1000r/min 离心 5min，弃上清液，再按照上述条件离心洗涤 2 次。

3．收集沉淀细胞，加入 8～10ml Hanks 液配制成 10%的鸡血细胞悬液。

（二）50% PEG 溶液的制备

取一定量的 PEG（M_r=4000）放入刻度离心管内，用试管夹夹住，在酒精灯上加热，使其熔化，待冷至 50～60℃时，加入预热的等体积 Hanks 液混匀，置 37℃水浴箱中保温待用。

（三）细胞融合

1．取 10%的鸡血细胞悬液 1ml 放入离心管中，加入 5ml Hanks 液混匀，1000r/min 离心 5min，小心弃上清；加入 8～10ml Hanks 液再次悬浮细胞，离心洗涤一次，弃上清液后将离心管倒置于滤纸上，尽量流尽剩余液体。用手指轻弹离心管底壁，使细胞团块松散。

2．取 50% PEG 0.5ml，在 1min 内逐滴加入到离心管中，边加边轻轻摇动混匀，将 PEG 全部加入后静置 1～2min（此过程要在 37℃水浴中进行）。

3．缓慢加入 9ml Hanks 液，轻轻吹打混匀，在 37℃水浴中静置 5min。

4．离心弃上清液，加入 2～3ml Hanks 液，在 37℃水浴中温育 20～30min。

（四）制片及观察

分别温育 5min、10min、20min、30min 后，取细胞悬液一滴制成临时装片，以 0.2%亚甲基蓝染液染色，在显微镜下观察细胞融合的不同阶段，通常将融合过程分为 5 个阶段：

1．两个细胞的细胞膜相互接触、黏连；

2．相接触的两细胞膜破口黏合，形成细胞膜通道；

3．两细胞的细胞质相通，形成细胞质通道；

4．通道扩大，两细胞连成一体；

5．细胞融合完成，形成一个含有两个核的圆形细胞。

上述阶段可在不同时间的临时装片上观察到（图 17-1）。

对视野内发生融合的细胞核及所有的细胞核进行计数，计算融合率。融合率指在显微镜下已发生融合细胞的细胞核数目与视野内所有细胞（包括融合细胞和未融合细胞）的细胞核总数之比，融合率通常以百分率表示。要进行多个视野测定，求平均融合率更为准确。

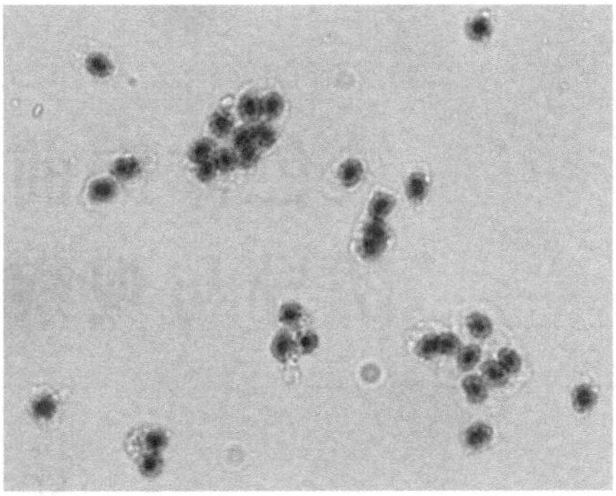

图 17-1　PEG 诱导的鸡血细胞融合

$$融合率=\frac{融合细胞核数}{总细胞核数}\times 100\%$$

注意事项

1．在离心管中加 PEG 之前，一定要将离心管倒置滤纸上，流尽剩余液体，否则残留液会改变 PEG 的浓度。

2．滴加 50% PEG 时要在 37℃水浴中进行，应缓慢逐滴加入，而且每加一滴应轻弹试管底部，滴加完毕后用吸管充分混合均匀。

作业与思考

1. 影响细胞融合的因素有哪些？
2. 你测定的细胞融合率是多少？

扫一扫　看答案

【附】试剂的配制

1. Alsever 溶液　葡萄糖 2.05g、柠檬酸钠 0.80g、NaCl 0.42g 溶于 80ml 三蒸水中，然后定容至 100ml。
2. 0.2%亚甲基蓝染液　亚甲基蓝（methylene blue）0.2g 溶于 100ml 三蒸水中。

（川北医学院　宋桂芹）

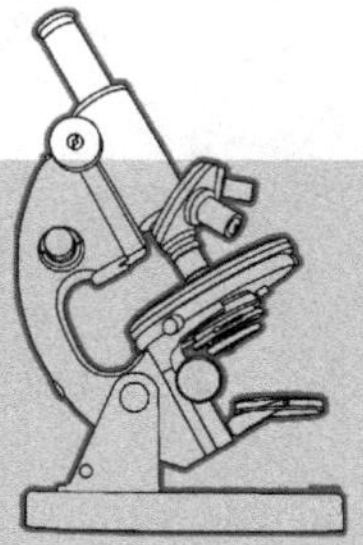

实验十八

染色体提前凝聚的诱导与观察

实 验 目 的

1．熟悉细胞周期中染色质周期变化的规律。
2．了解 MPF 的作用和早熟染色体凝集的诱导原理。

实 验 用 品

一、器材

水浴箱、普通离心机、光学显微镜、10ml 离心管、吸管、冰冻载玻片、盖玻片、酒精灯、试管架、染色盘、滤纸。

二、材料

HeLa 细胞或 CHO 细胞。

三、试剂

聚乙二醇（PEG，M_r=4000）、Hanks 液、RPMI 1640 培养液（含 10%灭活小牛血清和不含血清两种）、10μg/ml 秋水仙素、0.25%胰蛋白酶、0.075mol/L KCl 低渗液、Carnoy 固定液、Giemsa 染液。

实 验 内 容

一、实验原理

自 1970 年 Johnson 和 Rao 在以灭活的仙台病毒介导的融合细胞中发现早熟凝集染色体（premature chromosome condensation，PCC）以来，已有大量实验证明，PCC 的形态清楚地反映了细胞融合时它们在细胞周期中所处的阶段及染色质在细胞周期中所处不同阶段的状态。

在间期（Ⅰ期）细胞中，遗传物质是以染色质形式存在的，看不到分裂期（M

期）才能出现的染色体。PCC 是在细胞融合和染色体技术基础上建立起来的一种新技术，PCC 技术就是让 M 期细胞与间期细胞融合。由于在 M 期细胞内含有促进染色质凝集的物质——成熟促进因子（maturation promoting factor，MPF），MPF 能诱导间期细胞的染色质提前凝集形成早熟凝集染色体或称 PCC 染色体（简称 PCC）。M 期细胞能与间期不同时期的细胞融合，诱导产生 PCC，所以有 3 种不同形态特点的 PCC（G_1-PCC、S-PCC 和 G_2-PCC）。

目前 PCC 技术的应用很广泛，PCC 技术可用于间期细胞染色质结构的动态分析，可用于研究环境中有毒有害的理化因素对靶细胞间期染色体损伤效应，用于临床对白血病患者化疗效果和预后的检测，以及用于细胞遗传学水平上制备高分辨染色体带谱等。

二、实验方法与步骤

（一）制备 50%PEG 液

方法同实验十七。

（二）M 期细胞的制备

在培养至对数生长期的 HeLa 细胞或 CHO 细胞培养液中加入终浓度为 0.05μg/ml 秋水仙素，继续培养 3～4h，将大量细胞阻断于 M 期。取一瓶经上述处理的细胞，倾去培养液，加入 5ml Hanks 液，平行反复振摇培养瓶，使瓶中液体不断冲刷细胞层或用吸管在瓶内吸取 Hanks 液反复冲刷细胞层，因 M 期细胞变成球形，与瓶壁的接触面减少，容易脱离瓶壁而悬浮于 Hanks 液里。将含有 M 期细胞的 Hanks 液移入离心管中，计数备用。

（三）间期细胞的制备

采用收集过 M 期细胞的贴壁细胞或另取一瓶对数生长的 HeLa 细胞或 CHO 细胞，用 0.25%胰蛋白酶消化后，加入 5ml Hanks 液吹打成单细胞悬液，计数备用。

（四）细胞融合

1. 取 M 期和间期细胞按 1∶1（分别约 10^6 个细胞）混合于离心管中，以 800r/min 离心 5～8min，弃上清液，再加入无血清 RPMI 1640 液离心洗涤一次，弃上清液，将离心管倒置在滤纸上吸尽残液。

2. 用手指轻弹离心管底壁使细胞团分散，然后在 37℃水浴中逐滴加入 0.5～1ml 50%PEG 溶液，边加边轻轻振荡，整个过程在 60～90s 完成。迅速加入 8～10ml 无血清 RPMI 1640 培养液稀释以终止 PEG 的作用，37℃水浴中继续静置 5～10min，离心弃上清。再用无血清 RPMI 1640 培养液洗涤离心 1～2

次，充分去除 PEG。

3. 在沉淀细胞中加入 3～4ml 含 10%小牛血清的 RPMI 1640 培养液，轻轻吹打使细胞均匀悬浮，37℃温育 45～60min，离心弃上清。

4. 制片 用手指轻弹离心管使细胞分散，加入 8ml 0.075mol/L KCl 低渗液，37℃处理 20min 左右，再加入 1ml Carnoy 固定液，混匀，然后离心弃上清。再加入 8ml 固定液混匀，静置 20min 离心，按常规染色体制片法滴片，Giemsa 染液染色 12min，流水冲洗，晾干后镜检。

三、实验结果观察

在低倍镜下可见标本片上有未融合的单个间期细胞、融合的双核或多核的间期细胞，未融合的单个 M 期细胞（具典型中期染色体），以及 M 期和间期随机融合而诱导产生的不同形态的 PCC 细胞。观察 M 期与不同时相间期细胞融合诱导产生的各期 PCC（图 18-1）。

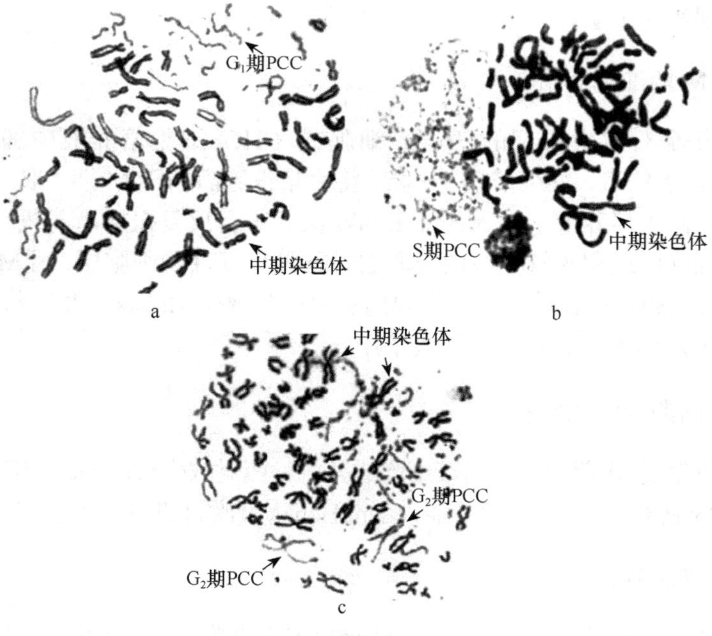

图 18-1 分裂期细胞及其细胞融合诱导的 PCC

a. G_1 期 PCC；b. S 期 PCC；c. G_2 期 PCC

（一）G_1 期 PCC

G_1 期 DNA 尚未复制，染色体由单条染色单体组成。随着染色体解螺旋的发展，染色体逐渐变长，纤细化。G_1 晚期为细长而着色浅的单股染色体，呈现出蓬松的线团状（图 18-1a）。

（二）S 期 PCC

S 期正在进行 DNA 复制，在光学显微镜下只能看到尚未解螺旋或复制后又凝集的染色质，染色较深，故呈现出程度不一的颗粒状（图 18-1b）。

（三）G_2 期 PCC

G_2 期 DNA 复制已完成，每条染色体由两条染色单体组成，随螺旋化的发展，染色体逐渐增粗变短，但较中期染色体长（图 18-1c）。

以上现象反映了细胞周期中间期的染色质和 M 期的染色体在结构上是连续的，是同一种物质在不同时期的两种表现形式。在细胞周期中发生由 G_1 期单线状结构经 S 期复制进入 G_2 期形成双线结构，到 M 期高度螺旋化凝集成典型的染色体。通过均等分裂，使子细胞得到每条染色体中的一条单体，之后解螺旋成 G_1 期的单线结构。

作业与思考

1. PCC 有何实际意义？
2. 根据 PCC 的观察说明细胞周期中染色质的变化规律。
3. 根据你的实验结果说明间期染色质与 M 期染色体在结构上有什么关系？

扫一扫 看答案

【附】试剂的配制

1. 50%PEG 溶液　参见实验十七的配制方法。
2. 秋水仙素　秋水仙素（colchicine）10.0mg 溶于 100ml 灭菌生理盐水中。
3. 0.075mol/L KCl 低渗液　0.559g KCl 溶于 100ml 蒸馏水中。
4. Carnoy 固定液　参见实验八的配制方法。

（四川大学　杨春蕾）

实验十九

流式细胞术

实 验 目 的

1．熟悉流式细胞术标本制备的要求。
2．了解流式细胞仪的工作原理、基本操作方法。
3．了解流式细胞术的应用范围。

实 验 用 品

一、器材

超净工作台、倒置显微镜、CO_2 细胞培养箱、离心机、高压消毒锅、流式细胞仪、电泳箱、注射器、试管。

二、材料

人血细胞、实体瘤组织、诱导凋亡的细胞。

三、试剂

Hanks 液、磷酸缓冲液（PBS，pH6.8）、TBS 分离液、中和液、分离液、胰蛋白酶溶液、Na-EDTA 液、Acriflavine-Feulgen 染液、盐酸-乙醇溶液、RNA 酶液、PI 低渗液、FITC 染液、PI 染液、色霉素-A_3 染液、EB 染液等。

实 验 内 容

流式细胞术（flow cytometry）是以流式细胞仪（flow cytometer，FCM）为工具，对悬液中的单个细胞或细胞器、大分子物质进行快速测量并自动分析的高级细胞分析技术。它的主要特点：①可在单细胞水平上对大量细胞进行快速、准确、多参数的定量分析及分选，借此判断细胞的体积、核酸含量、蛋白质含量、酶活性、细胞膜受体和表面抗原等许多重要参数。②可在无菌状态下对活细胞进行分类收集，收集的纯度高达 99%。由于流式细胞术具有多信息分析和高纯度分类的优点，已被广泛应用于细胞生物学、细胞遗传学、免疫学、酶学及肿瘤学等研究领域。

一、实验原理

（一）流式细胞仪的工作原理

流式细胞仪由光学测量台、电子控制台、数据采集、储存及处理计算机组成。细胞的测量在光学测量台上进行，样品制成单个细胞悬液，悬液在清洁气体的压力下送入流动室，细胞被裹在悬液中逐个地从喷嘴喷出，当细胞经过激光束检测区时，被激光束照射向各个方向发出散射光。细胞在激光束照射下也可激发出荧光，荧光的发生可以是细胞本身具有的荧光物质，也可以是实验前用荧光物质处理细胞结合到细胞上的荧光物质，或者是细胞内的生物化学过程使一些物质转变成荧光物质等。FCM 的光学检测系统可以逐个对细胞发出的散射光或荧光强度进行测定，并将测得的光信号转变成电信号，由电子控制台放大和显示。仪器可以对一个细胞同时进行多个参数检测，如同时检测细胞内 DNA 含量、蛋白质含量及细胞表面抗原等，因此，效率比普通的生化分析手段高。

FCM 还可对细胞进行分选，当启动超声喷嘴震动器时，使液流通过检测区。形成含单个细胞的带正电荷或负电荷的小液滴，通过高压极板的电场作用，实现对细胞的分选和收集。分选过程可在生理或无菌条件下进行，细胞可以继续保持活力，因此分选得到的细胞可继续在体外培养，以做进一步的研究。

（二）流式细胞仪的构造

流式细胞仪的结构包括：①流动室及液流驱动系统；②激光光源及光束成形系统；③光学系统；④信号检测与储存、显示、分析系统；⑤细胞分选系统。

1．流动室及液流驱动系统　流动室（flow chamber 或 flow cell）是仪器核心部件，被测样品在此与激光相交。流动室由石英玻璃制成，并在石英玻璃中央开一个孔径为 180μm×430μm 的长方形孔，供细胞单个流过。检测区在该孔的中心，这种流动室的光学特性良好，流速较慢，因而细胞受照时间长，可收集的细胞信号光通量大。流动室内充满了鞘液，鞘液的作用是将样品流环包。鞘液流是一种稳定流动，操作人员无法随意改变其流动的速度，样品流在鞘液流的环包下形成液体动力学聚焦，使样品流不会脱离液流的轴线方向，并且保证每个细胞通过激光照射区的时间相等，从而得到准确的细胞散射光信息或荧光信息。

2．激光光源及光束成形系统　激光（laser）是一种相干光源，它能提供单波长、高强度及稳定性高的光照，是细胞微弱荧光快速分析的理想光源。这是因为细胞的快速流动，每个细胞经过光照区的时间约为 1μs，每个细胞所携带荧光物质被激发出的荧光信号强弱与被照射的时间和激发光的强度有关，因此细胞必须达到足够的光照强度。

3．光学系统　流式细胞仪的光学系统是由若干组透镜、滤光片、小孔组成，它们分别将不同波长的荧光信号送入到不同的电子探测器。光学系统中主要光学元件是滤光片（filter）。

4．信号检测与储存、显示、分析系统　当细胞通过激光照射区，受激光激发，产生代表不同物质的不同波长散射光信号或荧光信号。这些信号以细胞为中心，向空间360°立体角发射。

5．细胞分选系统　分选系统（sorting system）主要由两个高压电极和收集系统组成。在流动室内通过超声震荡，把样品/鞘液流断裂成一个个微细液滴，并由喷嘴喷出，每个微滴最多含有一个细胞。微滴形成的速率取决于喷嘴的大小。例如，直径76μm的喷嘴每秒能形成3.2万个微滴。在设定条件下，如果微滴中含有目的细胞，该微滴就被带上正电荷，当其下流通过两个高压电极时，在电场作用下偏向带相反电荷的电极一侧，偏离的程度与其带电荷多少有关，然后含有细胞的微滴被收集于不同的容器中。

（三）流式细胞术的用途

1．细胞群体异质性检测　根据细胞的内部和外部参数，利用流式细胞术可对细胞总体的亚群或某一亚群的异质性进行多参数分析。

2．单细胞水平上的多指标分析　单细胞水平上的多指标分析包括细胞大小和内部结构分析；细胞表面、细胞器及细胞质的抗原成分分析；细胞总DNA和RNA含量分析；DNA合成速度测定；细胞内蛋白质、酶、多糖等物质含量测定；细胞膜电位及细胞膜的流动性分析等。

3．细胞分选　根据细胞的内部和外部参数，分选出特定的细胞群体或生物微粒。如用双荧光素标记法分离高纯度的X或Y染色体；用单克隆抗体技术分离细胞亚群；用DNA和RNA双染色法可以分离出不同细胞周期时相的细胞等。

二、实验方法及步骤

（一）样品制备方法

正确采集和制备样品是流式细胞术测量成败的关键。流式细胞术测量是基于单个细胞通过测量区这一基本要求，因此，样品在上机前必须制成单细胞悬液。较大的细胞团块不但影响检测准确性而且会堵塞流式细胞仪的层流系统。同时还需要注意不能有过多的细胞碎片，细胞样品上机检测的体积一般为300～500μl，细胞数量一般为（0.5～3）$\times 10^6$个，过高或过低的密度都不适合于测量。得到细胞悬液后，可对相关的细胞成分进行荧光染色，然后进行检测。选择荧光染料时必须考虑染料的激发和发射光谱。

1．样品制备

（1）单细胞悬液样品制备

包括血液细胞、胸腹水脱落细胞、羊水中脱落的胎儿表皮细胞、各种检查获得的单细胞（如食管、宫颈脱落细胞，内窥刷检样品细胞，膀胱冲洗细胞等），经过简单处理后就可送检。如血液细胞检测需采集抗凝血；分选高纯度的淋巴细胞可先用淋巴细胞分离液进行预分离处理等，所有制备的单细胞悬液均需要经过100μm的细胞筛网过滤。

（2）非单细胞悬液样品制备

如体外单层培养细胞、实体组织、石蜡包埋组织等，需先分散成单细胞悬液才可送检。分散细胞的方法主要有：酶分散法、化学分散法及机械分离法。

1）酶分散法：最常用的是胰蛋白酶分散法，需用无钙、镁离子的平衡盐溶液配制，使用浓度一般为 0.1%～0.5%，常用 0.25%的浓度。主要作用是使细胞间蛋白质水解，从而使细胞相互分离。胰蛋白酶处理时需要掌握好时间、温度、pH等消化条件，使既达到分散细胞的效果，又将细胞损伤降至最低程度。胰蛋白酶适用于消化细胞间质较少的软组织，如胚胎、上皮、肝、肾等组织，对传代培养细胞效果也较好。

除胰蛋白酶外，还可用胶原酶、胰肽酶 E、透明质酸酶等。胶原酶对胶原的消化作用很强，它仅对细胞间质有消化作用，适用于消化分离纤维性组织和上皮组织。钙离子、镁离子和血清对酶的消化作用无影响。常用酶剂量为 200U/ml 或0.1～0.3μg/ml。

2）化学分散法：最常用的是乙二胺四乙酸（EDTA），EDTA 的作用较胰蛋白酶温和，其主要原理是将组织细胞间起粘连作用的钙、镁离子置换出来，达到分散细胞的目的。与胰蛋白酶混合使用效果较好。用无钙、镁离子的平衡盐溶液配制，使用浓度为 0.02%。

3）机械分离法：用镊子、剪刀或研磨器将组织破碎后，再用 100 目尼龙网过滤收集细胞悬液。可用于脑组织、部分胚胎组织及一些肿瘤组织细胞的分散。

2．样品固定　流式细胞术分析要选用新鲜样品。除低温保存和需要活体细胞测量的情况外，一般需要对待测样品进行适当的固定，以保持待测成分的完整性及防止细胞自溶。根据测量参数的要求，应选用不同的固定剂。对固定剂的要求是穿透性强、对荧光干扰小、对膜蛋白影响小。通常使用的固定剂有甲醛、乙醇和丙酮。

进行 DNA 测量，要求新鲜样品，如不能立即测量，可用 70%乙醇固定后放4℃冰箱保存。

检测细胞膜蛋白是流式细胞术测量的主要内容，包括 T 细胞亚群、白血病免疫分型、癌基因及抗癌基因的蛋白质表达、多药耐药基因蛋白质表达等。如待测蛋白质位于膜表面，宜使用醛类固定剂（如多聚甲醛），而不宜采用醇类固定剂，因醇类固定剂可导致膜糖蛋白或脂蛋白丢失，从而失去标记位点。如待测蛋白质位于细胞内，则可使用醇类固定剂进行固定。

3. 样品染色　利用流式细胞术测量细胞成分时，多需要对检测成分进行荧光染色。常用的荧光染料有 20 多种，其中包括 FITC（异硫氰酸荧光素）、PE（藻红蛋白）、CY5（花青素）、preCP（叶绿素蛋白）、ECD（藻红蛋白-得克萨斯红）、APC（别藻蓝素）Annexin V、7AAD（7-氨基放线菌素 D）及碘化丙锭（propidium iodide，PI）等。

（二）流式细胞仪的调试

调试的原则是得到较高的分辨率，对某一特殊样品测得的变化常数 CV 值越小越好；得到较高的灵敏度，即可测出最小荧光分子数。

调试仪器要有理想的标准品，其条件是：①稳定；②颗粒大小和荧光性要均匀；③标准品本身的 CV 值要低于仪器的 CV 值；④易得、易制成悬液。

目前常用的标准品有两种：①荧光标记的塑料微球，常用的是异硫氰酸荧光素 FITC 和碱性罗丹明（rhodamine）；②戊二醛固定的鸡红细胞（CRBC）。鸡红细胞椭圆形，血红蛋白可自发荧光，细胞悬液具有易得、易于保存的优点。

（三）流式细胞仪的光信号

1. 散射光信号　散射光信号属于物理信号，不依赖于荧光染料，用以区分不同细胞群体的基本形态上的差异。

（1）前向散射角（forward scatter，FSC）：与细胞的大小及面积有关，在 FCM 应用中，常取 FSC 作阈值，来排除样品中的各种碎片。

（2）侧向散射角（side scatter，SSC）：与激光束正交 90°的散射光信号，与细胞粒度及细胞器复杂程度正相关。

2. 荧光信号　荧光信号由细胞标记的荧光染料产生，可以检测相应抗原表达量或 DNA 含量。

（1）荧光素与特异抗体结合，荧光抗体与细胞抗原结合越多，产生的荧光信号越强。

（2）荧光素与 DNA 结合， DNA 含量越多荧光素结合的就越多，产生的荧光信号也越强。

（四）样品的检测

样品的检测一般由专职技术人员操作，以保证流式细胞仪良好的工作状态。实验人员主要考虑实验目的和实验设计，制备样品，向技术人员提出检测分析的要求，以及对实验结果进行分析研究等。

作业与思考

1. 流式细胞术的基本用途有哪些？
2. 样品制备的基本方法有哪些？
3. 下列情况中的哪种会导致流动室中的层流系统无法继续？
   A. 气泡　　B. 细胞浓度　　C. 样本流速
4. 流式检测信号，每个颗粒的信号可以得到哪三种参数结果？

扫一扫 看答案

【附】试剂的配制

1. 胰蛋白酶溶液　Na-EDTA 液 4ml（储存液：1g Na-EDTA 溶于 100ml 蒸馏水），每个包装胰蛋白酶（Difco）先加 10ml PBS 溶解，再加 186ml PBS，用前以 0.2μm 滤器过滤。
2. 分离液　每毫升生理盐水-GM 液溶 0.1mg 胰蛋白酶。
3. 中和液　每毫升生理盐水中含大豆胰蛋白酶抑制剂 0.2mg、DNA 酶 I 0.01mg、牛血清白蛋白（BSA）1mg。
4. PBS　0.05mol/L 蔗糖、0.14mol/L NaCl、0.002mol/L Na_2HPO_4，以 $NaHCO_3$ 调节 pH。
5. TPB 分离液　TPB（K and K Laboratories Inc）为 1%水溶液，冰冻保存，用前以蔗糖-盐溶液稀释。
6. 生理盐水-GM 液　葡萄糖 1.1g、NaCl 8g、KCl 0.4g、$Na_2HPO_4 \cdot 12H_2O$ 0.39g、$KH_2PO_4$0.15g，依次溶于 1000ml 蒸馏水中。
7. 盐水 G　$MgSO_4 \cdot 7H_2O$ 1.54g、$CaCl_2 \cdot 2H_2O$ 0.16g，依次溶于 1000ml 生理盐水-GM 液中。
8. Acriflavine-Feulgen 染液　Acriflavine 0.2mg/ml，偏重亚硫酸钾 5mg/ml。
9. 盐酸-乙醇溶液　1ml 浓盐酸加 99ml 70%乙醇。
10. RNA 酶液　RNA 酶 10mg（Sigma）、$Na_2HPO_4 \cdot 7H_2O$ 55.6mg、NaH_2PO_4 168.9mg，溶于 10ml 蒸馏水。
11. PI 低渗液　PI 0.05mg/ml，0.1%柠檬酸钠水溶液。
12. FITC 染液　FITC 0.05mg/ml 的 0.5mol/L $NaHCO_3$ 溶液。
13. PI 染液　PI 0.1mg/ml 的 PBS 溶液。
14. 色霉素-A_3 染液　$CA_3$10mg、$MgCl_2 \cdot 6H_2O$ 1.5g 在 4℃溶于 500ml 蒸馏水（CA_3 不能在温水中溶解）。
15. EB 染液　1%的 EB 水溶液或含 1% EB 的 PBS。

（成都中医药大学　陈　康　申重阳）

实验二十

细胞凋亡的诱导与检测

实 验 目 的

1．掌握凋亡细胞的主要生化、形态学特征。

2．了解常用的诱导和检测细胞凋亡的方法。

实 验 用 品

一、器材

超净工作台、荧光显微镜、CO_2细胞培养箱、离心机、流式细胞仪、电泳仪、恒温水浴箱、凝胶电泳照相设备、注射器、试管、载玻片。

二、材料

人血细胞、实体瘤组织、诱导凋亡的细胞。

三、试剂

HT、台盼蓝染料、苏木精染液、伊红 Y 液、生理盐水（0.85%NaCl 溶液）、0.5%台盼蓝染液、Giemsa 染料、吖啶橙储存液、磷酸缓冲液（PBS，pH7.4）、细胞核裂解液、TE 缓冲液、盐酸乙醇分化液、50×TAE 电泳缓冲液、RNase、水饱和酚、氯仿、异丙醇、无水乙醇、3mol/L 乙酸钠、上样缓冲液。

实 验 内 容

细胞死亡主要包括细胞坏死和细胞凋亡两类。细胞凋亡（apoptosis）又称为程序性细胞死亡（programmed cell death，PCD）。细胞凋亡的检测方法主要有形态学观察、DNA 琼脂糖凝胶电泳、流式细胞术及凋亡细胞的原位末端标记等。

一、光镜下的形态学观察

可用 HE 染色、甲基绿-派诺宁染色、Giemsa 染色组织或细胞，然后在普通光镜下进行观察；也可用荧光染料如吖啶橙、Heochst33258 等染色，然后在荧光显微镜下观察，可以区别细胞凋亡和坏死。

（一）苏木精-伊红染色

1．实验原理　苏木精-伊红（HE）染色是经典的显示细胞核和细胞质的染色方法，染色结果清晰。苏木精自苏木（*Haematoxylon campechianum*）中提取，当苏木精暴露于空气中，易被氧化成氧化苏木精或称苏木素（hematein），成为常用的染料之一。酸性的苏木素与铝结合后形成一种带正电荷的碱性蓝色色精。伊红Y是一种酸性红色胞质性染料，染料的有色部分带阴离子，含有一个醌型苯环的红色基和两个形成钠盐的酸性助色基。发生凋亡的 HL_{60} 细胞用 HE 染色后，其凋亡细胞的特征性形态变化均可显示出来：染色质凝集、呈星月形靠近核膜边缘、晚期核裂解形成凋亡小体等。

2．细胞凋亡的诱导

（1）悬浮生长细胞的诱导

1）取对数生长期的 HL_{60} 细胞 2 瓶，加入终浓度为 0.2mg/L 的三尖杉酯碱（harringtonine，HT），继续培养 6h，诱导细胞凋亡。

2）收集细胞培养液于离心管中，1000r/min 离心 5min。

3）去掉上清液，用 PBS 漂洗 1～2 次，并调整细胞数至（1～5）$\times10^4$ 个/ml，制成细胞悬液。

4）取 100μl 用细胞离心涂片机（1000r/min，离心 1～2min）制成细胞涂片标本。

5）4%甲醛或多聚甲醛室温固定 5～10min。

（2）贴壁生长细胞的诱导

1）在培养皿底部放置洁净的盖玻片，使细胞在盖玻片上生长；在培养过程中，加入终浓度为 0.2mg/L 的 HT 继续培养 6h，诱导细胞凋亡。

2）终止培养之后，取出盖玻片，用 PBS 漂洗。

3）用 4%甲醛或多聚甲醛室温固定 5～10min。

（3）染色

1）苏木精染色 5min，清水冲洗 1min。

2）盐酸乙醇分化 30s（提起放下数次）。

3）清水浸泡 15min（或用 50℃温水浸泡 5min）。

4）伊红 Y 染色 2min。

5）常规脱水、透明、封片。

3．观察　光学显微镜下细胞核呈蓝黑色，细胞质呈淡红色。凋亡细胞在组织中单个散在分布，表现为核染色质致密浓缩、核碎裂等。在贴壁生长细胞的玻片标本上，凋亡的细胞变圆、变小，细胞核固缩、碎裂，染色质被染成深蓝色或蓝黑色；可见细胞膜皱褶、卷曲和出泡，以及芽生形成膜包裹的凋亡小体。而正常细胞经染色后仍保持细胞原有的生长形状，细胞核的形态规整，染成均一的蓝色。细胞涂片时，可见凋亡细胞核固缩、碎裂，染色变深；正常细胞染色体呈均匀淡蓝色或蓝色，而坏死细胞肿胀，可见细胞膜的连续性破坏，核内的染色体染成很淡的蓝色甚至消失。

（二）台盼蓝染色

1．实验原理　活细胞的细胞膜完整，台盼蓝（trypan blue）染料分子不易通透进入细胞内，故活细胞不着色。坏死细胞的细胞膜通透性增高，台盼蓝染料能进入细胞内，故坏死细胞被染成蓝色。细胞凋亡过程中因细胞膜保持完整，故凋亡细胞拒染台盼蓝而显示无色。

2．实验步骤

（1）取 1ml 培养细胞悬液，加入 0.1ml 0.5%台盼蓝染液，混合后染色 2min。

（2）取 1～2 滴染色后的细胞悬液于洁净的载玻片上，加盖玻片，制成临时装片。

（3）将制备好的玻片标本置于光镜下观察，死细胞被染成蓝色。因为台盼蓝有轻度的毒性，染色的时间不可太长，细胞被染色 15min 以上，活细胞亦会受损伤而被着色。

（三）Giemsa 染色

1．实验原理　Giemsa 染料常被用于染色质（或染色体）的染色，故通过 Giemsa 染色后凋亡细胞的特征性变化均可显示出来。本法操作简便，效果良好，实验结果可以长久保存。

2．实验步骤

（1）细胞悬液于 4℃ 500r/min 离心 5min，去掉上清液后，用 PBS 重新制成细胞悬液，浓度为 1×10^6 个/ml。

（2）取约 100μl 细胞悬液涂于洁净的载玻片上，室温下干燥，甲醇固定 1min，晾干。

（3）于载玻片上滴加 Giemsa 染液约 1.5ml，室温染色 5～10min。

（4）用蒸馏水冲洗净多余的染液，室温下晾干。

（5）用二甲苯浸泡约 3min，去除杂质，经分色和透明处理后，用中性树脂封片。

3．观察　在光镜下可观察到：①正常的细胞核被染成蓝紫色，细胞质被染成粉红色，色泽均一。②凋亡细胞的核固缩（karyopyknosis），染色质固缩聚集于核膜边缘，或核膜裂解成碎片；染色质被分割成块状或以芽生的方式被膜包裹形成凋亡小体（apoptotic body）。

（四）吖啶橙染色

1. 实验原理　吖啶橙（acridine orange，AO）为核酸的荧光染色剂，被吖啶橙染色后的标本在荧光显微镜下可观察到细胞内 DNA 和 RNA 的存在。细胞凋亡的主要特征性变化是细胞核，而细胞核的主要成分是 DNA，根据 DNA 和 RNA 的不同荧光可观察凋亡细胞核的变化。

2. 实验步骤

（1）细胞培养液离心（500r/min），去掉上清液后，用 PBS 制备成活细胞悬液，浓度为 1×10^7 个/ml。

（2）取 95μl 的细胞悬液，加入 5μl 制备好的吖啶橙储存液混匀即可。

（3）吸取一滴混合液于洁净的载玻片上，盖上盖玻片后直接观察或用指甲油封片。

3. 观察　将标本置于荧光显微镜（fluorescent microscope）下，激发滤片（exciting filter）选用 BG12 或 BV 等，阻断滤片（barrier filter）选用 515nm 或 SP3。

在荧光显微镜下，正常细胞核中的 DNA 呈现黄色或黄绿色的均匀荧光，细胞质和核仁的 RNA 为橘红色荧光。在凋亡细胞中，细胞核和细胞质中可见致密浓染的黄绿色，甚至可见黄绿色的碎片。

二、DNA 凝胶电泳

（一）实验原理

细胞凋亡的主要生化特征是染色质浓缩，DNA 在核小体的连接部位（internucleosomal linker）断裂，形成 180～200bp 整倍数的寡核苷酸片段。从细胞中抽提出核 DNA，进行琼脂糖凝胶电泳（agarose gel electrophoresis），在紫外灯下观察可见凋亡细胞特有的“DNA 梯形带纹”（DNA ladder）。故 DNA 琼脂糖凝胶电泳是鉴定凋亡细胞 DNA 断裂的重要方法。

（二）实验步骤

1. 细胞凋亡的诱导

（1）细胞培养：取对数生长期的 HL_{60} 细胞，用紫外线照射 10min，继续培养 12h。

（2）收集细胞：以 1000r/min 离心 5min，去掉上清液，收集沉淀细胞。PBS 漂洗，加入 PBS 液后混匀，以 1000r/min 离心 5min，弃上清液。

2. DNA 提取

（1）细胞裂解：加入 50μl 细胞裂解液，50℃水浴 3～5h，不时振摇或 37℃过夜，至混合物变清亮。

（2）平衡酚抽提：加入 0.5ml 苯酚：氯仿＝1：1，振荡混匀，12 000r/min 离心 5min。收集上清液于一 EP 管中。

（3）氯仿：异戊醇抽提：在 EP 管中加入 0.5ml 苯酚：氯仿：异戊醇（25：24：1）混合液，12 000r/min 离心 5min，收集上清液于另一 EP 管中。

（4）沉淀 DNA：加 50μl 3mol/L 乙酸钠和 2ml 预冷无水乙醇，上下颠倒几次混匀，可见絮状白色沉淀物。

（5）钩出 DNA，用 75%乙醇漂洗 2 次，室温干燥。

（6）加入 50～100μl TE 缓冲液，另加 5μl RNase，37℃水浴 30min。

3．DNA 琼脂糖凝胶电泳　取上述提取的 DNA 样品 5μl 和 20μl 上样缓冲液混合，然后按每孔 5μl 上样，1.5%琼脂糖凝胶电泳（恒流 75mA，电压 50V），室温下电泳 1.5～2h。

4．观察　在紫外灯下观察，正常活细胞基因组 DNA 由于分子质量大，在琼脂糖凝胶迁移速度缓慢，迁移距离短，所以停留在加样孔附近。坏死细胞由于其 DNA 的不规则降解显现一条连续的膜状条带，凋亡细胞因为 DNA 降解成 180～200bp 整倍数的寡核苷酸片段而呈现“梯状”条带。

作业与思考

1. 光镜下观察凋亡细胞的主要形态学特征有哪些？
2. DNA 琼脂糖凝胶电泳检测细胞凋亡的原理是什么？

扫一扫 看答案

【附】试剂的配制

1. 苏木精染液　苏木精 2.5g，100%乙醇 25ml，钾明矾 2.5g，氧化汞 1.25g，冰醋酸 20ml，蒸馏水 500ml。

   （1）将 2.5g 苏木精溶解于乙醇中（稍加热）。

   （2）将 2.5g 钾明矾溶解于蒸馏水中，并加热煮沸。

   （3）将上述两种液体混合后尽快煮沸，并将火焰熄灭，慢慢加入氧化汞，同时防止溶液溅出，再煮沸 2min。

   （4）将烧瓶浸入冷水中冷却。

   （5）加入冰醋酸，室温下保存，用前过滤。

2. 伊红 Y 液　伊红 Y0.5～1.0g，蒸馏水 75ml，95%乙醇 25ml，冰醋酸 1～2 滴。先取少量蒸馏水将伊红 Y 溶解，不断用玻璃棒将染料研碎，之后加入全部蒸馏水，溶解后加入乙醇。
3. 盐酸乙醇分化液　盐酸 0.5ml，75%乙醇 100ml。
4. 生理盐水（0.85%）　NaCl 8.5g，溶解于 1000ml 三蒸水中。

5. 台盼蓝染液（0.5%）　将台盼蓝染料 0.5g 溶解于 100ml 生理盐水中，过滤后备用（可储存于 4℃冰箱内长期使用）。因为保存时间较长其毒性增强，故在临用前尚需置于沸水中水浴约 10min，灭菌消毒。
6. Giemsa 染液　参见实验九的配制方法。
7. 0.067mol/L PBS（pH7.4）　$Na_2HPO_4 \cdot 12H_2O$ 11.81g（或 $Na_2HPO_4 \cdot 2H_2O$ 5.92g），KH_2PO_4 4.50g，溶解于 1000ml 蒸馏水中。
8. 吖啶橙储存液　10mg 吖啶橙溶解于 100ml PBS 液中，pH 4.8～6.0，过滤后 4℃避光保存。
9. 磷酸缓冲液（PBS，pH7.4）　K_2HPO_4 1.392g、$NaH_2PO_4 \cdot H_2O$ 0.276g 及 NaCl 8.770g 先溶于 900ml 蒸馏水，然后用 0.01mol/L KOH 调 pH 至 7.4，并用蒸馏水定容到 1000ml。
10. 细胞核裂解液　10mmol/L Tris-HCl（pH 8.0），150mmol/L NaCl，10mmol/L EDTA，0.4% SDS（最后加），100μg/L 蛋白酶 K。
11. TE 缓冲液　0.1mol/L Tris-HCl（pH 8.0），10mmol/L EDTA。
12. 50×TAE 电泳缓冲液　Tris 碱 242g，冰醋酸 57.1ml，0.5mol/L EDTA 100ml（pH 8.0），加水至 1000ml。
13. 3mol/L 乙酸钠　408.1g $NaAC \cdot 3H_2O$ 溶于 800ml 蒸馏水，用冰醋酸调节 pH 至 5.2，然后用蒸馏水定容到 1000ml。
14. 上样缓冲液　0.25%溴酚蓝，0.25%二甲苯青，30%甘油，用蒸馏水溶解，4℃保存。

（成都中医药大学　孟亚鹏）

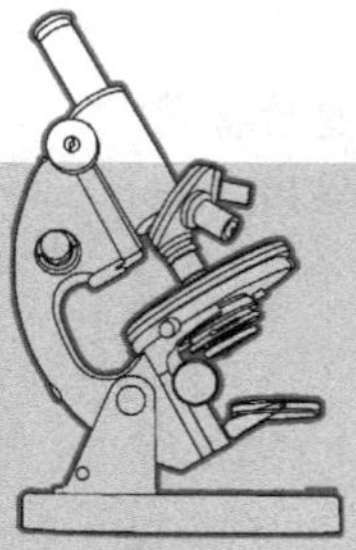

实验二十一

人类性染色质检测及几种遗传性状的分析

实 验 目 的

1．掌握 X、Y 染色质标本的制备方法。
2．熟悉性染色质的形态特征。
3．了解 X 类群体遗传性状调查方法。

实 验 用 品

一、器材

光学显微镜、荧光显微镜、水浴箱、冰箱、吸管、烧杯、解剖镊、解剖剪、解剖针、刀片、电吹风、滴管、载玻片、盖玻片、染色缸、酒精灯、吸水纸、擦镜纸、消毒牙签等。

二、材料

口腔黏膜上皮细胞、人外周血细胞、人发根毛囊细胞。

三、试剂

硫堇工作液、结晶紫染液、0.5%盐酸喹吖因荧光染液、Giemsa 染液、5mol/L HCl、Carnoy 固定液、甲醇、95%～100%乙醇、二甲苯、指甲油、加拿大树胶、不同浓度的 PTC 溶液。

实 验 内 容

一、人类性染色质制备与观察

（一）X 染色质标本的制备与观察

1. 实验原理　性染色质有 X 染色质（X chromatin）和 Y 染色质（Y chromatin）两种类型。X 染色质又称 X 小体或 Barr 小体，是女性（包括其他雌性哺乳动物）

细胞分裂间期核内的一种特有染色质。X 染色质位于核膜边缘，一般呈三角形、半圆形或扁平形等，为异固缩小体，其数目总是比 X 染色体的数目少 1，若有三条 X 染色体，就会有两个 X 染色质，正常男性没有 X 染色质。X 染色质可被多种染料染色，是性别鉴定及确定性发育异常的一种简单方法。

2．X 染色质标本的制备

（1）取材：让受检者（包括男生）用水漱洗口腔数次，以尽量除去口腔内细菌和其他杂物；用木质器具刮取口内侧面的口腔黏膜上皮，弃去第一次刮到的细胞；同部位连续刮取数次，将刮取物涮入装有生理盐水的离心管内。

拔取受检者（包括男生带有毛囊组织的头发 3～4 根，将其置于无水乙醇中清洗数次，然后气干。

（2）标本制作：①1500*g* 离心 10min，弃上清液，收集沉淀。加入新配制的固定液（3 份甲醇：1 份冰醋酸）8mL，混匀呈悬液，固定 30min。②1500*g* 离心 10min，弃上清液，收集沉淀。加入数滴（根据细胞多少而增减）固定液，充分混匀呈悬液。③滴一滴悬液至预先置于冰盒中的干净载玻片上，晾干，每份样本制片 3～4 张。

（3）染色

硫堇染色法：将玻片标本置入 1mol/LHCl 中，37℃条件下水解 20～30min；用蒸馏水充分冲洗并晾干；硫堇染液中染色 15～30min；蒸馏水冲洗并晾干。

结晶紫染色法：玻片标本分别采用 70%乙醇（5min）→50%乙醇（5min）→蒸馏水（5min，可更换两次蒸馏水）浸泡；置入 1%结晶紫溶液中染色 5～8min，也可用 0.5%结晶紫染液染色 10～15min；95%乙醇中分化（快速地在乙醇中蘸 5～8 次），继续在无水乙醇中分化，直至标本中核结构的微细部分都很清楚为止（约 1min）；置入二甲苯中，更换 2 次二甲苯，每次 3min，使标本透明。

改良苯酚品红染色法：将带有发根毛囊组织的头发置于 5mol/L 的 HCl 中酸解 15～30min，期间可吸干旧 HCl 新充 HCl，吸干 HCl 后用蒸馏水浸泡 2～3min，吸干水分，改良苯酚品染色 2～5min，压片方法制片。

3．观察

（1）首先在低倍镜下选择清楚而分散好的细胞，移至视野中央，再换高倍镜仔细观察，在高倍镜下选择细胞核较大、染色清晰，轮廓清楚，核膜清晰，无缺损并且染色适度，周围无杂质、核质呈均匀细网状或颗粒状的细胞 100 个，计数 X 染色质的出现频率。

（2）X 染色质应位于细胞核膜的内侧，轮廓清晰呈平凹形、三角形或卵圆形（图 21-1），颜色深染，直径 1～1.5μm，女性涂片至少 15%的细胞含 X 染色质，一般不超过 35%。而来自男性的样本涂片应呈阴性，出现率低于 2%。

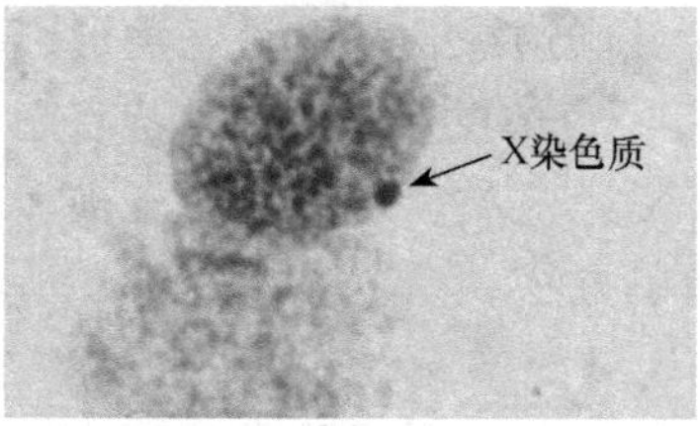

图 21-1 正常女性口腔黏膜上皮细胞 X 染色质

（二）Y 染色质标本制备和观察

1. 实验原理　Y 染色质又称 Y 小体或 F 小体，是男性细胞分裂间期核内的一种特有染色质，Y 染色质的数目和大小分别与 Y 染色体的数目和 Y 染色体长臂末端能被荧光染料着色的异染色质的大小相一致，因此，Y 染色质检查亦可进行性发育异常诊断。正常男性个体细胞分裂间期中有一条 Y 染色质，当用荧光染料染色时，就可看到在细胞核内有一大小约 0.3μm 的强荧光小体。正常男性口腔上皮细胞的 Y 染色质检查阳性率为 80%，正常男性胎儿羊水细胞的 Y 染色质检查阳性率为 20%～70%。故通过检测分裂间期细胞中 Y 染色质，用于性别的鉴定和临床性染色体病的诊断。

2. Y 染色质标本的制备

（1）采血与涂片：男同学用碘酒或酒精棉球常规消毒食指或耳垂后，用采血针点刺食指尖或耳垂，挤出 2～3 滴血于一干净的载玻片中央，用牙签将血滴涂成较厚的一层血膜，直径约 1.5cm，晾干。

（2）固定：加 3%的乙酸溶液数滴于血膜上，静置 15min，其间可换液一次，使红细胞溶解。用磷酸缓冲液（pH＝6～6.5）冲洗血膜，晾干。

（3）染色：加 0.5%盐酸阿的平溶液（或用 50μg/mL 芥子喹吖因）数滴于血膜上，放置暗处静置染色 15min。

（4）将标本转移到蒸馏水中放置 10min，去除剩余的染色颗粒。用磷酸缓冲液（pH＝6～6.5）分化 5min；从磷酸缓冲液（pH＝6～6.5）中取出标本，加 1 滴磷酸缓冲液（pH＝6～6.5）盖上盖玻片吸去多余水，采用荧光显微镜进行观察。

3. 观察

（1）镜检时，在荧光显微镜下从低倍物镜转至高倍油镜下观察，整个细胞发出亮荧光者不算在内。正常男性细胞中可见一个 Y 染色质，正常女性则没有。

（2）先在低倍镜下观察，可见许多白细胞（多为淋巴细胞）的核染成黄色。换高倍镜，可见位于细胞核边缘或核中央处有一极小的黄色荧光亮点，就是 Y 染色质（图 21-2），大小 0.25～0.3μm。

（3）最后可用油镜再仔细观察，Y 染色质在男性白细胞的出现率可达 60%～70%。注意需要计数的细胞必须是核膜完整无缺，核质染色均匀，清晰可见，核周围无细菌和其他污染物质的干扰。

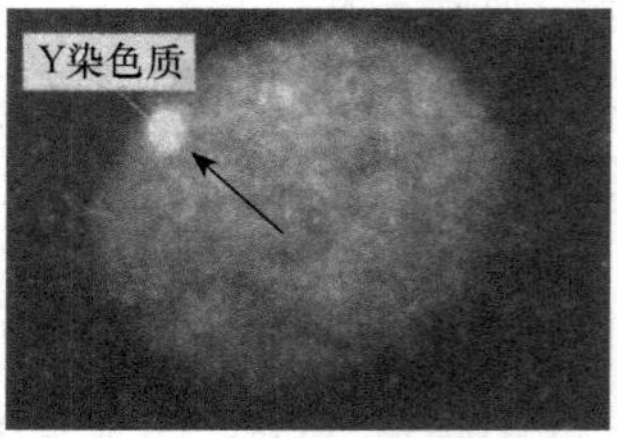

图 21-2 正常男性口腔黏膜上皮细胞（示 Y 染色质）

（4）选择 100 个核膜完整无缺，核质染色均匀，清晰可见的细胞进行计数。Y 染色质在男性不同类型细胞中的检出率往往有差异，但一般阳性涂片应达25%～50%的细胞含有Y染色质。

二、人类几种常见遗传性状的分析

（一）PTC尝味能力

1．实验原理　苯硫脲（phenylthiocarbamide，PTC）是一种白色的结晶状药物，因含N—C＝S基团而具有特殊的苦涩味，但对人无毒副作用。人群中不同种族、不同个体对PTC的尝味能力有差异，受7号染色体上的*T*基因控制。其中*T*对*t*是不完全显性，基因型为*TT*的个体能尝出浓度为1/6 000 000～1/750 000的PTC溶液苦味，基因型为*Tt*的个体能尝出1/480 000～1/380 000的PTC溶液苦味，基因型为*tt*的只能尝出1/24 000以上浓度的PTC溶液苦味，有的人尝不出PTC溶液的苦涩味，称为PTC味盲，我国汉族人群中味盲约占10%。

2．尝味实验

（1）做PTC尝味试验时，先从最低浓度的PTC溶液（1/6 000 000）开始。

（2）受试者坐于椅子，仰头张口，测试者用滴管滴5～10滴浓度为1/6 000 000的液体于受试者舌根处，令其咽下品味，然后用蒸馏水做同样试验，避免受试者看标签。

（3）询问受试者能否辨别两种液体味道，若不能鉴别或鉴别不准，依次改用高浓度PTC溶液，以此重复，直到能明确鉴别出PTC溶液苦味为止。

（4）当受试者鉴别出某一浓度PTC溶液时，应用此浓度PTC溶液重复三次，三次结果一样时才可靠。

（5）根据受试者最初觉察PTC溶液时的浓度，查对照表找出相应的基因型。

（6）分析群体*Tt*的频率，统计基因型。

（二）耳垂

人类的耳垂是受基因控制的，有的人有耳垂（受显性基因控制），有的人无耳垂（受隐性基因控制）。有耳垂和无耳垂是一对相对性状，请检查你所在的班级、实验室里哪些人有耳垂，哪些人无耳垂，统计出现的概率。

（三）卷发

卷发和直发是人类的另一对相对性状，有的人是直发，有的人是卷发。请检查你所在的班级、实验室里哪些人是直发，哪些人是卷发，统计出现的概率。

（四）眼皮

双眼皮和单眼皮是人类的又一对相对性状。检查统计你所在的班级、实验室里双眼皮和单眼皮出现的概率。

作业与思考

1. 观察计数 30 个女性口腔黏膜细胞，计算 X 染色质的出现概率。
2. 怎样根据 X 染色质和 Y 染色质的阴阳性及数目确定受检个体的核型？
3. 统计全班同学的 PTC 尝味结果，计算出各种基因型的人数和比例，计算全年级同学 *T* 和 *t* 基因的概率。
4. 调查统计全年级同学的耳垂、卷发及眼皮的遗传表现。

扫一扫 看答案

【附】试剂的配制

1. 硫堇染液

（1）硫堇原液：取硫堇 2g，溶于 100ml 50%乙醇中，待充分溶解后用滤纸过滤。

（2）乙酸纳缓冲液：取乙酸钠 9.714g 和巴比妥钠 14.714g，溶于 500ml 蒸馏水中配成缓冲液。

（3）硫堇工作液：硫堇原液：0.1mol/L HCl：乙酸纳缓冲液（40：32：28）混合，调 pH 至 5.7。

2. 结晶紫染液　取 30ml 冰醋酸放入三角瓶中，瓶口加一棉塞，在酒精灯上加热至微沸，然后加入甲紫 1g 使其溶解，待冷却后加入蒸馏水 70ml，经振荡后再静置 24h，过滤后置棕色瓶中保存备用；或者直接用甲紫溶液（紫药水）7ml，加入冰醋酸 30ml。
3. 0.5%盐酸喹吖因荧光染液　取盐酸喹吖因（QH）0.5g 溶于 100ml pH6.0 的 PBS 或柠檬酸盐缓冲液中，将配好的试剂放入棕色瓶中，置于 4℃冰箱保存备用。

（川北医学院　蔡晓明）

实验二十二

肿瘤细胞特异性骨架蛋白的显示

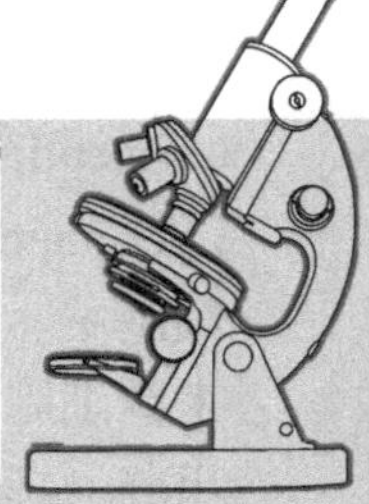

实 验 目 的

1. 掌握用免疫荧光标记技术检测细胞中间纤维蛋白的方法。
2. 了解免疫荧光标记的原理。

实 验 用 品

一、器材

超净工作台（或生物安全柜）、CO_2 培养箱、倒置显微镜、血细胞计数器（或细胞计数板）、荧光显微镜、冰箱、恒温箱、60mm 直径培养皿、载玻片、血盖片、微量移液器、吸头、滴管、镊子。

二、材料

体外培养的鼠胶质瘤细胞 C_6。

三、试剂

DMEM 细胞培养液、小牛血清（或胎牛血清）、双抗（青霉素、链霉素）、0.25%胰蛋白酶溶液、pH7.0 的 PBS、4%多聚甲醛、5% BSA 溶液（PBS 配制）、兔抗鼠 GFAP 蛋白抗体（第一抗体）、FITC 标记的抗体（第二抗体，如羊抗兔 IgG 抗体-FITC）、50%甘油。

实 验 内 容

一、实验原理

细胞骨架（cytoskeleton）是细胞中错综复杂的纤维网络结构和动态变化体系。它由微丝（MF）、微管（MT）和中间纤维（IF）构成。其中中间纤维最为复杂，它由 70 多种中间纤维蛋白聚合而成，并且其分布具有严格的组织特异性。不同类型的中间纤维蛋白只在特定类型的组织中表达，如结蛋白（desmin）、波形蛋白（vimentin）、胶质纤维酸性蛋白（glial fibrillary acidic protein，GFAP）、外周蛋白（peripherin）分别主要存在于肌肉细胞、间充质细胞、星形胶质细胞和神经元等细胞中。绝大多数肿瘤细胞转移后仍保留来源细胞的中间纤维，并且继续表达其来源细胞特征性的中间纤维类型。应用免疫组织化学的方法，利用荧光标记显示出肿瘤细胞内的中间纤维蛋白，可用于正确区分主要的肿瘤类型。这一点已被应用于肿瘤临床鉴别诊断。

免疫组织化学法（immunohistochemistry，IHC）是利用抗原与抗体特异性结合的原理，通过化学反应使标记抗体的显色剂（荧光素、酶、金属离子、同位素）显色来确定组织细胞内抗原（多肽和蛋白质），对其进行定位、定性及定量的研究。根据所采用的标记物及其显示方法的不同可分为荧光抗体法、酶标记抗体法、胶体金标记抗体法、同位素标记抗体法等。免疫荧光法包括直接法和间接法，后者的应用更为广泛。免疫荧光间接法是先用特异性抗体（又称第一抗体或一抗）与细胞或组织内的抗原反应，再用此抗体的特异性荧光抗体（又称第二抗体或二抗）进行免疫反应。二抗通常是商品化的抗 IgG 的抗体产品，可用于多种抗原的检测。常用的免疫荧光素有异硫氰酸荧光素（fluoresceinisothiocyanate，FITC）、四乙基罗丹明（rhodamine，RIB200）和四甲基异硫氰酸罗丹明（tetramethylrhodamineisothiocyanate，TRITC）。其中，FITC 的激发光波长为 490～495nm，发射光波长为 520～530nm，观察时采用蓝光激发，产生绿色荧光。

二、实验步骤

1．将体外培养的鼠胶质瘤 C_6 细胞以每个培养皿孔 4×10^5 个的密度接种于血盖片上，并于培养皿中培养至细胞汇合度达 70%～80%。

2．在培养皿中用 pH7.0 的 PBS 冲洗血盖片 3 次。

3．用 4%多聚甲醛室温固定 15min。

4．PBS 冲洗 3 次。

5．滴加 5% BSA 溶液室温封闭 15min。

6．将实验材料分为实验组和对照组，实验组滴加兔抗鼠 GFAP 蛋白抗体（绿色荧光蛋白标记的第一抗体，用前适当稀释），对照组滴加相同量的 PBS。将培养皿放入免疫湿盒（或垫有湿润纱布的饭盒中），37℃恒温箱内孵育 2h 或 4℃冰箱内过夜。

7．PBS 冲洗 3 次。

8．滴加 FITC 标记的抗体（第二抗体，用前适当稀释），放入湿盒中 37℃避光孵育 15min。

9．PBS 冲洗 3 次。

10．取洁净的载玻片，滴一滴 50%甘油于载玻片上，将血盖片细胞面向下放在液滴中封片，尽量避免封入气泡。

三、实验结果观察

用吸水纸吸去血盖片与载玻片间多余的液体，在荧光显微镜下观察。

注意事项

1．选择对数生长期细胞用于实验，并且所选细胞应形态佳。
2．所用试剂需新鲜配制。
3．制片后尽快观察，以免荧光猝灭。
4．PBS 冲洗要轻柔，以免将细胞从血盖片上洗去。

作业与思考

1. 封闭的作用是什么？除 BSA 以外，还可以选用哪些试剂作为封闭液？
2. 实验中的抗体最适宜的稀释度如何确定？
3. 荧光猝灭的原因是什么？可以采用哪些方法来减缓荧光的猝灭？

扫一扫 看答案

【附】试剂的配制

1. DMEM 细胞培养液　无菌条件下量取 18mL DMEM 高糖培养液、2mL 小牛血清或胎牛血清、100μL 双抗溶液，混匀，置于 4℃冰箱内保存，30d 内使用均有效。
2. pH7.0 的 PBS　称取 8.0g NaCl, 0.2g KCl, 0.24g KH_2PO_4, 3.58g $Na_2HPO_4 \cdot 12H_2O$，依次溶解于 1L 蒸馏水中。
3. 4%多聚甲醛　称取 4g 多聚甲醛于 100mL PBS 中，加入数滴 1mol/L NaOH，60℃水浴磁力搅拌 1～2h，待彻底溶解后冷却至室温，再用 HCl 调 pH 至 7.2～7.4。使用前新鲜配制。
4. 5% BSA 溶液　称取 5g 多聚甲醛于 100mL pH 7.0 的 PBS 中。
5. 50%甘油　量取 50mL 甘油和 50mL pH 7.0 的 PBS，混匀。

（四川大学　熊　莉）

实验二十三

细胞衰老的诱导及β-半乳糖苷酶的检测

实 验 目 的

1．掌握利用β-半乳糖苷酶染色法鉴定细胞衰老的方法。
2．熟悉利用β-半乳糖苷酶鉴定细胞衰老的原理。
3．了解细胞衰老的概念和基本特征。

实 验 用 品

一、器材

超净工作台（或生物安全柜）、CO_2培养箱、倒置显微镜、血细胞计数器（或细胞计数板）、普通生物显微镜、恒温箱、60mm 直径培养皿、载玻片、血盖片、微量移液器、吸头、滴管、镊子。

二、材料

体外培养的人宫颈癌细胞 HeLa。

三、试剂

DMEM 高糖培养液、小牛血清（或胎牛血清）、双抗（青霉素、链霉素）、0.25%胰蛋白酶溶液、pH7.0 的 PBS、10μmol/L H_2O_2溶液（PBS 配制）、细胞衰老β-半乳糖苷酶染色试剂盒（碧云天生物技术研究所）、固定液（2%甲醛和 0.2%戊二醛）、100mmol/L $K_3Fe(CN)_6$、1mol/L $MgCl_2$、5mol/L NaCl、100mmol/L $K_4Fe(CN)_6$、柠檬酸/磷酸缓冲液、20g/L X-Gal（5-溴-4-氯-3-吲哚半乳糖苷）、50%甘油。

实 验 内 容

一、实验原理

细胞衰老是指细胞脱离细胞周期并不可逆地丧失增殖能力后进入的一种相对

稳定的状态，是细胞生命活动的一种客观规律。它是基因与环境共同作用的结果。各种细胞成分在受到内外环境的损伤作用后，因无法完善的修复导致细胞衰老。衰老细胞除了不可逆地丧失了增殖能力以外，其形态、功能以及生理生化方面也发生了复杂的变化，主要表现为：

（1）细胞内活性物质和水分逐渐减少，导致细胞收缩、体积变小，细胞失去正常形态；

（2）细胞核膜内陷（invagination），核内染色质出现凝聚、固缩、碎裂、溶解现象；

（3）细胞膜流动性减小，选择透性降低，细胞间隙连接明显减少；

（4）线粒体体积增大，数量减少，嵴排列紊乱，内膜通透性增强；

（5）糙面内质网总量减少；

（6）溶酶体数量增多，酶活性降低；

（7）DNA 复制与转录受到抑制，DNA 分子常发生氧化、断裂、缺失和交联，线粒体 DNA 特异性缺失，mRNA 和 tRNA 含量降低，蛋白质合成下降。

细胞的衰老受到多种因素（包括遗传因素和环境因素）的影响。H_2O_2 分子具有很强的氧化性，是一种常见的活性氧分子，是体外培养细胞最常用的“早熟性衰老”诱导剂，可诱导 HeLa 细胞等出现明显的衰老样改变。

β-半乳糖苷酶存在于溶酶体内，通常在 pH 4.0 时具有活性，但在衰老细胞中 pH 6.0 的条件下即表现出活性。自 1995 年 Dimri 等首次提出以来，β-半乳糖苷酶染色已成为鉴定衰老细胞的有效方法。以 5-溴-4-氯-3-吲哚半乳糖苷（X-Gal）作为底物，在衰老特异性的β-半乳糖苷酶催化下会生成深蓝色产物，从而在光学显微镜下很容易观察到变成蓝色的表达β-半乳糖苷酶的细胞。这一方法仅染色衰老细胞，不会染色衰老前的细胞（presenescent cells）、静止期细胞（quiescent cells）和永生（immortal cells）增殖的肿瘤细胞。

二、实验方法及步骤

（一）细胞培养

将人宫颈癌 HeLa 细胞置于含 10%胎牛血清的 DMEM 高糖培养液中，在 37℃、饱和湿度、5% CO_2 培养箱中培养。取对数期生长的细胞按每个培养皿 4×10^5 个的密度接种于血盖片上，并于培养皿中培养至细胞汇合度达 60%～70%。

（二）H_2O_2 处理细胞

吸去培养液，用 PBS 溶液洗涤 1 次，实验组加入 10μmol/L H_2O_2 溶液，对照组加入等体积的培养液，放入 CO_2 培养箱中孵育 4h。

（三）衰老细胞的 β-半乳糖苷酶染色

1. 试剂盒法染色　取实验组和对照组的细胞，先用 PBS 溶液冲洗血盖片 1 次，加入试剂盒所配 β-半乳糖苷酶染色固定液室温固定 15min。吸除细胞固定液，并用 PBS 冲洗 2 次。吸除 PBS，然后按照试剂盒说明书配制并加入 β-半乳糖苷酶染色工作液（配制方法参考表 23-1），将培养皿放入免疫湿盒（或垫有湿润纱布的饭盒中），37℃（无 CO_2）孵育过夜。

表 23-1　试剂盒染色工作液的配制方法

组分	加入量/μL	组分	加入量/μL
β-半乳糖苷酶染色 A	10	β-半乳糖苷酶染色 C	930
β-半乳糖苷酶染色 B	10	X-Gal	50

2. 自配染液染色　同样取实验组和对照组的细胞，先用 PBS 溶液冲洗血盖片 1 次，加入固定液（2%甲醛和 0.2%戊二醛）室温固定 15min。吸除细胞固定液，用 PBS 冲洗 2 次。

配制染色液：取 1mL 100mmol/L $K_3Fe(CN)_6$、40μL 1mol/L $MgCl_2$、600μL 5mol/L NaCl、4mL 柠檬酸/磷酸缓冲液、1mL 100mmol/L $K_4Fe(CN)_6$ 及 1mL 20g/L X-Gal，加入蒸馏水定容至 20mL。

吸除 PBS，加入适量上述新鲜配制的染色液，将培养皿放入免疫湿盒（或垫有湿润纱布的饭盒）中，37℃（无 CO_2）孵育过夜。

三、实验结果观察

取出染色后的血盖片，用蒸馏水冲洗 1 次。取洁净的载玻片，滴一滴 50% 甘油于载玻片上，将血盖片细胞面向下放在液滴中封片，尽量避免封入气泡。用吸水纸吸去血盖片与载玻片间多余的液体，在显微镜下观察拍照。分别计数实验组和对照组的 100 个细胞中 β-半乳糖苷酶染色阳性细胞数，计算相应百分比。

注意事项

1. 柠檬酸/磷酸缓冲液的 pH 非常重要，其 pH 应为 6.0。

2. 细胞衰老 β-半乳糖苷酶染色反应依赖于特定的 pH 条件，不能在用于细胞培养的 CO_2 培养箱中进行染色反应，其较高浓度的 CO_2 会影响染色液的 pH，而导致染色失败。

3. 在使用各种溶液处理或冲洗细胞的过程中，注意不要直接冲击到细胞，以免将细胞从血盖片上洗去。

4. H_2O_2 溶液易分解，应避光低温保存，实验组所用 10μmol/L H_2O_2 溶液以新鲜配制为宜。

5．X-Gal 溶液在−20℃保存会冻结，室温或 37℃水浴 2～5min 并适当摇动可完全融解。

作业与思考

1. H_2O_2 诱导细胞衰老的分子机制是什么？如果在本实验加入抗氧化剂，会产生怎样的影响？请选择一种抗氧化剂设计分析实验方案。
2. 除 β-半乳糖苷酶染色以外还有哪些方法可以用于细胞衰老的检测？它们各自对应于细胞衰老的什么特征？

扫一扫 看答案

【附】试剂的配制

1. DMEM 细胞培养液　参见实验二十二的配制方法。
2. pH 7.0 的 PBS　称取 8.0g NaCl，0.2g KCl，0.24g KH_2PO_4，3.58g $Na_2HPO_4 \cdot 12H_2O$，依次溶解于 1L 蒸馏水中。
3. 10μmol/L H_2O_2 溶液（PBS 配制）　无菌条件下量取 30%过氧化氢溶液 102.1μL 加入 pH 7.0 的 PBS 中，至终体积为 100mL。
4. 固定液　量取无水甲醛 2mL，戊二醛 200μL，加入 PBS 定容至 100mL。
5. 100mmol/L $K_3Fe(CN)_6$　称取 3.2925g $K_3Fe(CN)_6$，溶解于 100mL 蒸馏水中。
6. 1mol/L $MgCl_2$　称取 2.033g $MgCl_2 \cdot 6H_2O$，溶解于 100mL 蒸馏水中。
7. 5mol/L NaCl　称取 29.22g NaCl，溶解于 100mL 蒸馏水中。
8. 100mmol/L$K_4Fe(CN)_6$　称取 4.2239g $K_4Fe(CN)_6 \cdot 3H_2O$，溶解于 100mL 蒸馏水中。
9. 柠檬酸/磷酸缓冲液　称取 2.1014g $C_6H_8O_7 \cdot H_2O$，7.1628g $Na_2HPO_4 \cdot 12H_2O$，溶解于 100mL 蒸馏水中，调 pH 至 6.0。
10. 20g/LX-Gal（5-溴-4-氯-3-吲哚半乳糖苷）　称取 X-Gal 粉末 20mg，溶解于 1mL 二甲基甲酰胺（DMF）中，于−20℃中保存。
11. 50%甘油　参见实验二十二的配制方法。

（四川大学　熊　莉）

实验二十四

人类遗传病家系分析

实 验 目 的

1．掌握单基因遗传病的各种遗传方式和遗传特点。

2．掌握单基因遗传病发病风险的计算方法。

3．培养和提高学生综合分析和解决问题的能力。

实 验 内 容

研究人类单基因遗传病常用系谱分析法（pedigree analysis），其过程是首先对某遗传病家系的所有成员的性别、健康状况和亲缘关系等进行详细地调查，将这些资料按一定格式绘制成图解，即系谱图，然后根据系谱特点，通过孟德尔遗传规律进行综合分析，判断遗传方式、分析各成员的基因型，从而估计发病风险。

一、病例

1．下图为一并指症家系，根据系谱回答（图 24-1）：

（1）该家系属于哪种遗传方式？为什么？

（2）先证者与一正常女性结婚，生育患者概率是多少？

（3）$Ⅱ_5$和$Ⅱ_6$都是正常表型，但其后代出现了患者，为什么？

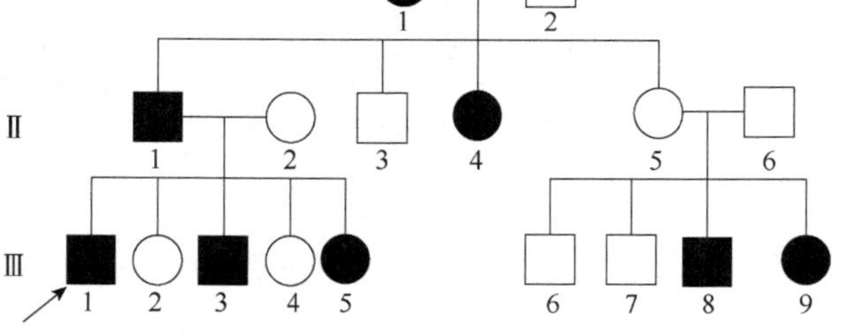

图 24-1　并指症家系

分析过程如下。

首先，判断疾病的遗传方式。

从先证者入手，分析系谱的遗传特征，与所学习过的几种不同类型的单基因遗传病系谱的特点进行比较。

先证者（$Ⅲ_1$）为男性，他的父亲（$Ⅱ_1$）是并指症患者，$Ⅱ_1$的母亲（$Ⅰ_1$）也是并指症患者；先证者的一个弟弟（$Ⅲ_3$）和妹妹（$Ⅲ_5$）患同样疾病，且发病概率约 1/2。该系谱所表现出的特征与常染色体显性遗传病系谱的特点基本一致，即患者的双亲之一是患者，且代代有患者；患者的后代中儿女都发病，发病机会均等。由此可推断并指症的遗传方式为常染色体显性遗传（AD）。

其次，确定先证者及其他相关人员的基因型。

设致病基因为 A，与之等位的正常基因为 a。由于先证者$Ⅲ_1$的母亲（$Ⅱ_2$）未发病，基因型为 aa，所以$Ⅲ_1$的基因型应为 Aa。先证者的父亲（$Ⅱ_1$）是有同种疾病患者，加之$Ⅰ_2$为正常表型，所以$Ⅱ_1$的基因型应为 Aa。

最后，估计发病概率。

先证者$Ⅲ_1$与正常女性结婚所生孩子患病的概率：由于$Ⅲ_1$的基因型为 Aa，正常女性的基因型为 aa，根据分离定律，Aa 个体可产生两种类型的配子，即 A 和 a；aa 个体只能产生一种配子 a。故后代的基因型的种类与比例是 Aa∶aa=1∶1。基因型为 Aa 的个体将成为并指患者，占 1/2；而基因型为 aa 的个体将发育为正常人，也占 1/2。所以 AD 病患者与正常人婚配，所生子女的发病概率为 1/2。

$Ⅱ_5$和$Ⅱ_6$的子女中出现患者的原因：$Ⅱ_5$和$Ⅱ_6$表型正常，但子女中出现了患者，而且发病率为 1/2。根据这一事实可以推知子女的致病基因是从亲代遗传而来，不是新突变所致。因为$Ⅱ_5$的母亲是患者（Aa），父亲正常，故$Ⅱ_5$的基因型既有 1/2 可能性为 Aa，也有 1/2 可能性为 aa。根据她的子女有患者且发病率为 1/2 这一事实推定，$Ⅱ_5$是 Aa 而不是 aa。这种现象叫做不规则显性，是由于带同一致病基因的不同个体遗传背景不同，因而导致某一致病基因在不同个体的表现率存在差异，甚至显性基因不表达。

2. 图 24-2 为一苯丙酮尿症家系，已知群体中隐性致病基因频率为 0.01。分析系谱回答下列问题：

（1）判断遗传方式，分析先证者及其双亲的基因型。

（2）$Ⅲ_1$若与群体中的正常女性随机婚配，所生子女患病概率是多少？

（3）$Ⅲ_4$若与一正常女性随机婚配，所生子女患病的概率是多少？

（4）$Ⅳ_1$若与一正常男性随机婚配，所生子女患病的概率是多少？

分析过程如下。

该家系 4 代人中只有$Ⅳ_1$患病，且患者的双亲表型正常，属于姑表兄妹婚配。双亲均不患病，但婚后生出了患病的女儿，故该病为常染色体隐性遗传（AR）病。

设 A 为正常基因，a 为致病基因，$Ⅳ_1$的基因型为 aa，其双亲均为肯定的致病

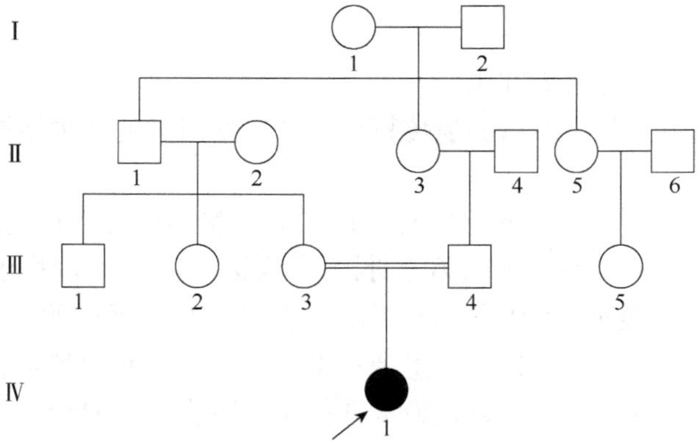

图 24-2 苯丙酮尿症家系

基因携带者，基因型为 *Aa*。由此推断如下。

Ⅲ$_1$ 与群体中的正常女性随机婚配所生子女患病概率：已知群体致病基因 *a* 频率＝0.01，故正常基因 *A* 频率＝1－0.01＝0.99，所以群体中的正常女性是携带者的频率是 2*Aa*＝2×0.01×0.99≈1/50。又因为Ⅲ$_3$ 是肯定的携带者 *Aa*，Ⅲ$_1$ 是携带者频率为 1/2（一级亲属之间基因相同的可能性为 1/2），所以Ⅲ$_1$ 与群体中的正常女性随机婚配所生子女患病概率为：1/2×1/50×1/4＝1/400。

Ⅲ$_4$ 与正常女性随机婚配子女患病的概率：根据系谱可知Ⅲ$_4$ 是肯定的携带者，而与他婚配的无亲缘关系的女性是携带者的概率约为 1/50，所以他们的子女患病的概率为：1×1/50×1/4＝1/200。

Ⅳ$_1$ 若与一正常男性结婚所生孩子患病的概率：因为Ⅳ$_1$ 的基因型为 *aa*，与她婚配的正常男性有 1/50 的可能性为 *Aa*，所以他们的子女患病的概率为：1×1/50×1/2＝1/100。

二、讨论题

请同学们以小组为单位，通过集体讨论最终以 PPT 演示方式来阐明解题思路及答案。

1. 图 24-3 是一抗维生素 D 缺乏病家系，分析系谱回答下列问题：

（1）该病属何种遗传病？

（2）Ⅲ$_3$ 和Ⅲ$_5$ 为什么没有患病？

（3）若先证者与一正常男性结婚，所生儿子患同样疾病的概率是多少？

2. 图 24-4 是一先天性聋哑病家系，群体中致病基因频率为 0.001。分析系谱回答下列问题：

（1）Ⅳ$_2$ 和Ⅳ$_3$ 患病的概率是多少？

（2）如果Ⅲ$_6$ 与正常家庭的成员随机婚配，子女患病的概率是多少？

（3）如果Ⅳ$_3$ 是患者，Ⅲ$_5$ 和Ⅲ$_6$ 再生孩子患病的概率是多少？

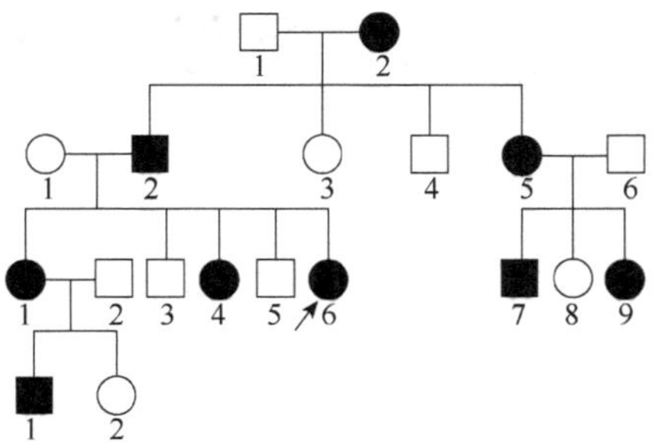

图 24-3　抗维生素 D 缺乏病家系

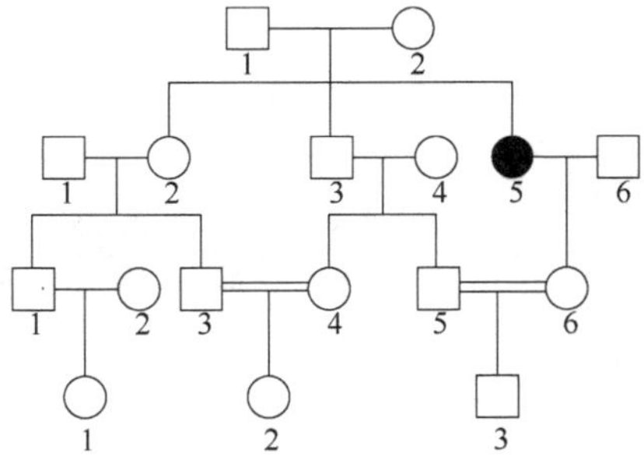

图 24-4　先天性聋哑家系

3. 一对夫妇，男方的祖母是一个白化病患者，女方是同种疾病患者的外甥女，绘出系谱，并回答他们生下该病患者的概率是多少？

4. 图 24-5 是一血友病 A 家系，分析系谱回答下列问题：

（1）先证者的致病基因来自何方？

（2）为什么家系中男患者众多？

（3）$Ⅱ_2$的致病基因来自谁？为什么？

（4）若先证者与正常女性结婚，所生子女患病的概率是多少？

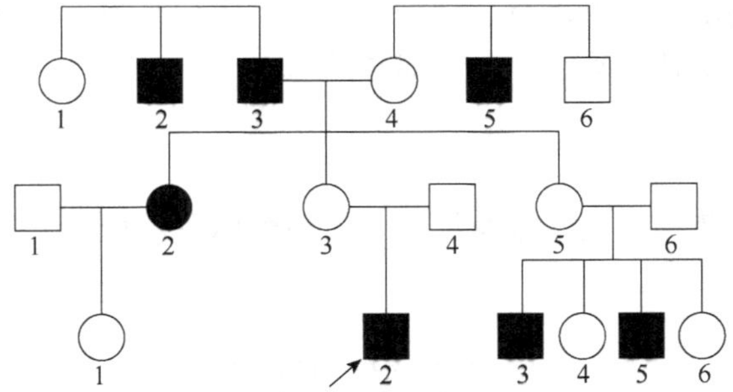

图 24-5　血友病 A 家系

扫一扫 看答案

（川北医学院　刘　云）

实验二十五

家 兔 解 剖

实 验 目 的

1．熟悉哺乳动物的主要结构特征。

2．了解家兔的解剖方法。

实 验 用 品

一、器材

显微镜、解剖镜、解剖盘、解剖剪、解剖镊、骨剪、解剖刀、动物解剖台、注射器、针头、烧杯、吸水纸、干棉球等。

二、材料

活家兔、家兔神经系统浸制标本、家兔整体骨骼标本、单独的骨骼标本、家兔皮肤切片等。

实 验 内 容

一、家兔的处死

处死家兔的方法有多种，这里主要介绍两种。

（一）空气栓塞法

一手抓住兔颈部皮肤，另一手托起其背部，置于实验台上。一人左手紧握兔的双后肢，右手紧握双前肢，另一人先按摩兔耳，并用湿棉花将兔耳廓边缘的毛润湿，然后用注射器在耳廓上选一较粗的静脉，向心方向注入空气 6～10ml，形成空气栓塞，使家兔缺氧窒息而死亡。

（二）淹死

右手紧握兔耳，左手握紧后肢，将家兔的身体拉直，然后将兔头浸入水中。

几分钟后，兔即窒息而死亡；也可以用乙醚熏或断颈法处死。

二、剥离和暴露

将处死的家兔仰卧于解剖盘内，用麻绳将其固定在解剖盘中。然后用湿布润湿腹毛，并将毛分向左右两侧。左手持解剖镊夹起家兔腹后部的皮肤，右手持解剖剪沿腹正中线，从尿殖孔向前至下颌角的皮肤剪一纵切口，并用解剖刀分离切口两侧的皮肤。再用同法沿腹正中线剪开腹壁（注意剪尖上挑，以免伤及内脏），向前剪至胸骨后缘，由此处分别向两侧剪成横切口，以暴露腹腔内的脏器。

一手提起胸骨剑突，一手将肝脏轻轻后压，可见腹腔前壁有一较厚、呈肌性膜状的膈（diaphragm），为哺乳动物的重要特征之一。膈之后为红褐色、大而分叶的肝脏，肝脏的左下方是呈囊状的胃。胃背侧的左后方为一狭长而呈红褐色的脾。腹腔的其余部分，则为迂回盘曲的小肠。小肠右侧的前方为粗大的盲肠和缢缩多节的结肠。拨开一侧肠曲，可见肝脏后缘的脊柱两侧有 1 对蚕豆形的肾脏，肾前内侧缘有一黄色圆形的肾上腺。观察完毕后，再剖开胸腔。用解剖镊提起胸部左后侧缘肌肉，用解剖剪由此向前剪断肌肉，剪至前肢基部，右侧亦同（注意胸廓前缘肌肉中有一颈横静脉，切勿剪断，否则会大量出血）。然后将胸骨左右侧的肋骨剪断（勿伤及内脏），剪至第 1、第 2 肋骨间时，要特别小心，因颈总静脉在此与锁骨下静脉汇合成前腔静脉，穿入胸腔。用解剖镊轻轻提起胸骨，可见连接心脏与胸骨内壁的膜，称纵隔膜（mediastinum）。然后剪断此膜，除去胸骨及其与之相连的肋骨，暴露胸腔，可见心脏位于心包内，两侧为肺，心脏前方被脂肪状的胸腺（thymus gland）所包围。

三、消化系统的观察

家兔的消化系统由消化道和消化腺两大部分组成。

（一）消化道

兔的消化道（digestive tract）很长，分化程度很高，由口腔、咽、食管、胃及肠等几部分组成。

1. 口腔和咽　口腔（cavitas oris）最前缘为唇，两侧为颊。用解剖剪沿口角剪开，将咬肌剪断，用力拉开下颌，使口张开。观察口腔背壁，前部为硬腭，其上有很多横皱襞，后部为软腭，软腭之后为咽（pharynx）。由软腭自由缘构成的孔为咽峡。沿软腭的中线剪开，露出的腔是鼻咽腔，为咽部的一部分。鼻咽腔的前端是内鼻孔。在鼻咽腔的侧度上有 1 对斜的裂缝是耳咽管的开口，沟通咽部与中耳腔（图 25-1）。咽部后面渐细，连接食管。食管的前方为呼吸道

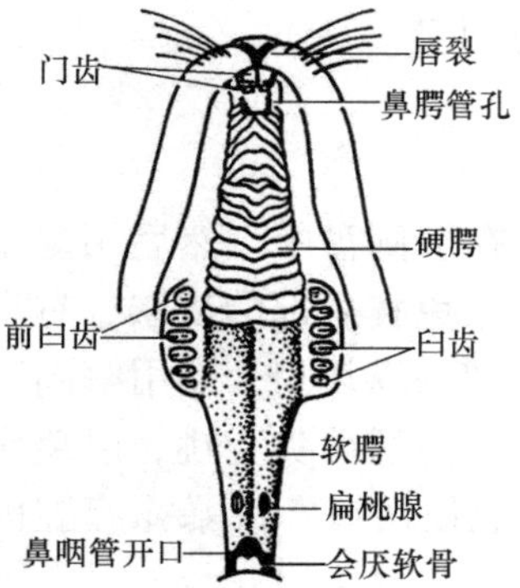

图 25-1 家兔的口腔顶部

的口。此处有 1 块叶状的突出物称会厌（位于舌的基部）。食管通道与气体通道在咽部后面进行交叉，会厌能防止食物进入呼吸道。口腔底部为肌肉质的舌。舌的前部腹方有系带将舌连在口腔底上。舌的表面有许多小乳头，其上有味蕾。舌的基部有单个的轮廓乳头。

2．食管　食管（esophagus）为一较细的管道，位于气管背面，从食管口开始，由咽部后行伸入胸腔，沿气管背方后行，穿过隔膜与胃相连（图 25-2）。

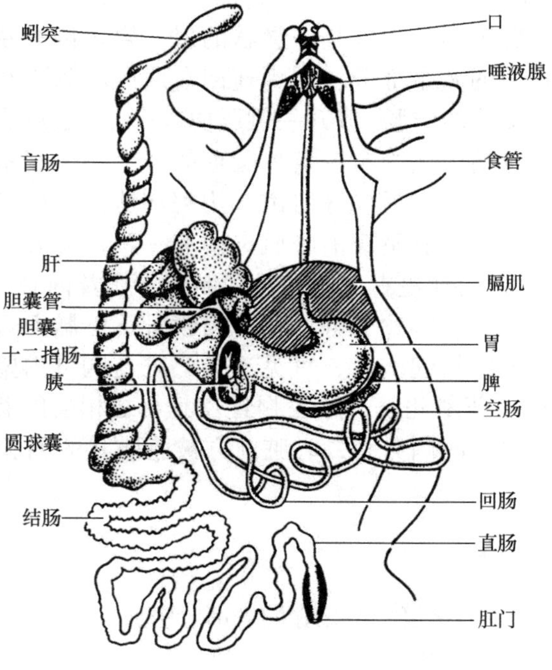

图 25-2 家兔的消化系统

3．胃　胃（stomach）为一呈弧形的囊状结构，前与食管相连，后与十二指肠相连。胃前方与食管交界处称贲门，胃后方与十二指肠交界处称幽门。胃体前缘较小的弯曲称胃小弯，胃体后缘较大的弯曲为胃大弯。胃体上盖有一袋状膜，称大网膜。胃分为两部分：左侧胃壁薄而透明，呈灰白色，黏膜上有黏液腺；右侧胃壁的肌肉质较厚，且有较多的血管，故呈红灰色。黏膜上有纵行的棱和能分泌胃液的腺体。在胃的左下方有一深红色的条状腺体为脾脏，属淋巴腺体（图 25-2）。

4．肠　家兔肠（intestine）的长度是身体长度的 15～16 倍，这与其草食性有关。肠的前端细而盘旋的部分为小肠，后段为大肠。小肠又分为十二指肠、空肠，大肠则分结肠和直肠。小肠和大肠交界处有盲肠。十二指肠在胃的幽门之后，弯折并向右行，接近肝脏的一侧有总肝管注入。在其对侧有胰管注入。空肠和回肠在外观上没有明显的界线。十二指肠后端为空肠，再后为回肠。盲肠是介于小肠和大肠交界处的盲囊。草食性动物的盲肠较发达，肉食性动物则退化。结肠的肠管上由纵行的肉纤维形成的结肠带，将肠管紧缩成环结状，故名为结肠。结肠又分为升结肠、横结肠和降结肠 3 部，按其自然位置即可区别。大肠的最后端为很短的直肠，直肠开口于肛门（图 25-2）。

（二）消化腺

家兔的消化腺（digestive gland）包括唾液腺、肝脏及胰脏等几部分。

1. 唾液腺　唾液腺是哺乳动物特有的消化腺，所分泌的唾液分别经导管流入口腔。家兔具有 4 对唾液腺。

（1）耳下腺（腮腺）　耳下腺位于耳壳基部腹面的 1 对粉红色腺体，紧贴皮下，剥开皮肤即可看见。耳下腺为不规则的淡红色腺体，形状不规则，呈分散的颗粒团块状，其导管横过咬肌表面穿入下颌，开口于上颌臼齿处（图 25-3）。

（2）眶下腺　眶下腺位于眼窝底部前下方，呈粉红色（图 25-3）。

（3）颌下腺　颌下腺位于下颌后部两侧，为一对卵圆形的腺体，呈浅粉红色，扁平状。颌下腺的导管前伸，开口于口腔（图 25-4）。

（4）舌下腺　舌下腺位于齿骨连接缝后缘，较小，呈赤褐色细长条形，将附近淋巴结（圆形）移开即可看到近于圆形的舌下腺。由腺体的内侧伸出 1 对舌下腺管，开口于舌下（图 25-4）。

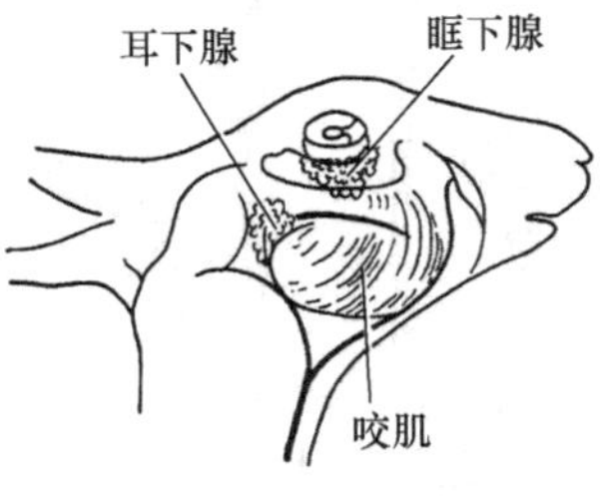

图 25-3　家兔的耳下腺和眶下腺

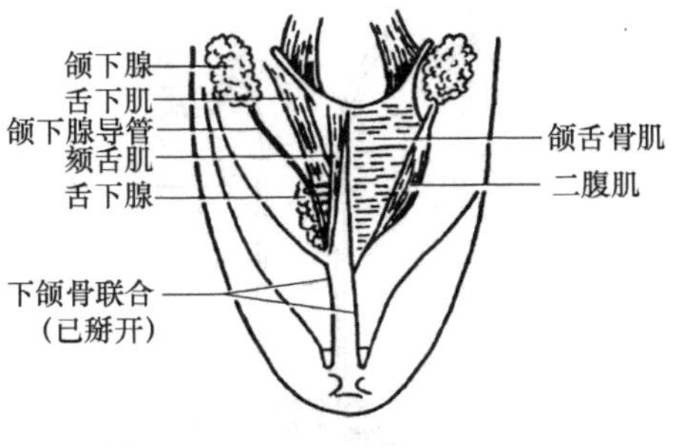

图 25-4　家兔的颌下腺和舌下腺

2. 肝　肝脏（liver）为体内最大的消化腺体，位于腹腔的前部，呈深红色。分为 6 叶，即左外叶、左中叶、右中叶、右外叶、方形叶和尾状叶。在尾状叶与右外叶之间有动脉、静脉、神经和淋巴管的通路，称为肝门。右中叶腹面有一绿色的胆囊，胆囊管从胆总管后行开口于近幽门约 1cm 处的十二指肠壁上（图 25-5）。

3．胰 家兔的胰又叫胰腺（pancreas），呈浅粉红色，散布在十二指肠前段弯曲的肠系膜上，胰管较短，开口于十二指肠后段，距胃大弯约 40cm 处（图 25-6）。

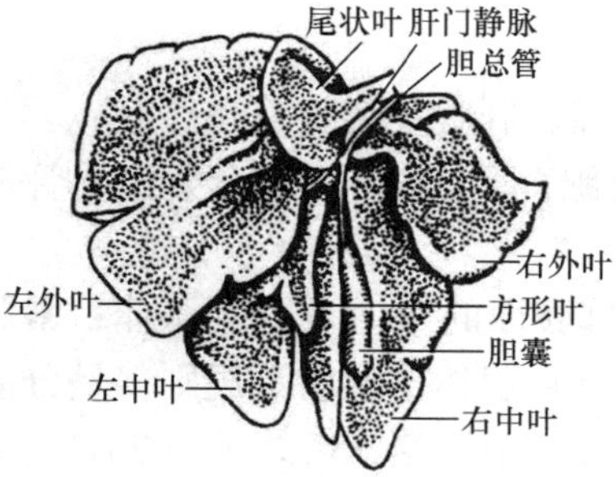

图 25-5 家兔的肝脏

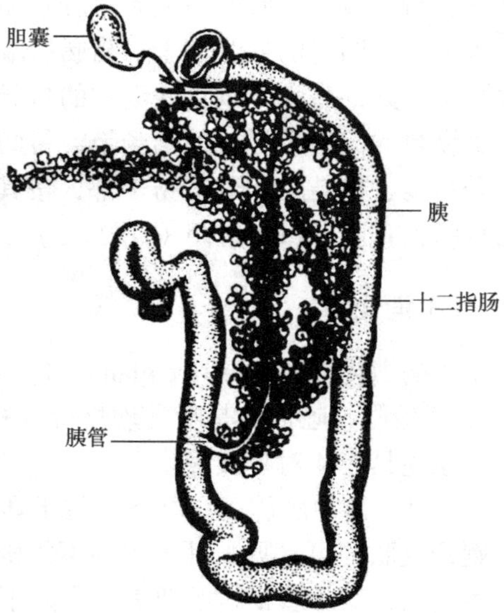

图 25-6 家兔的胰腺

四、排泄系统的观察

家兔的排泄系统包括肾、输尿管、膀胱及尿道等 4 个部分（图 25-7，图 25-8）。

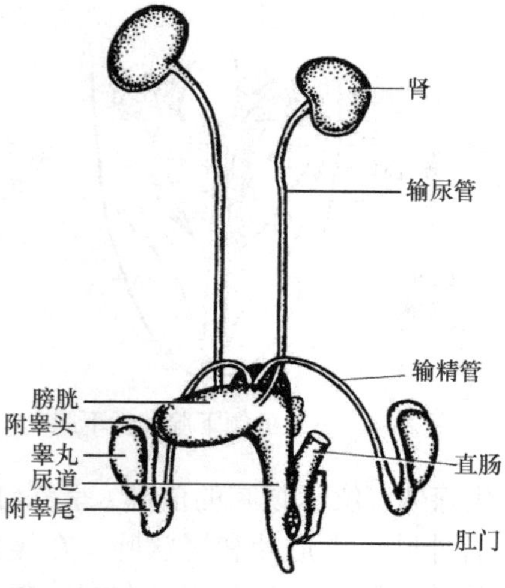

图 25-7 雄兔的尿殖系统

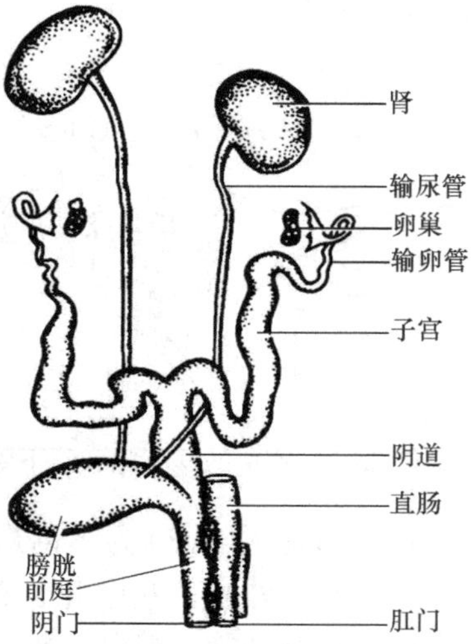

图 25-8 雌兔的尿殖系统

（一）肾

肾（metanephros）一对，位于腹腔腰部脊柱的两侧，为紫红色的豆状结构，右肾略前，左肾稍后，以系膜紧紧地联结在体壁上。肾脏前方有一小圆形的肾上腺（内分泌腺）。剪下一侧肾脏。沿侧面剖开，用水冲洗观察：外周部分为皮质部，内部有辐射状纹理的部分为髓质部。肾中央的空腔为肾盂。从髓质部有乳头状突起伸入肾盂。尿即经肾乳头汇入肾盂。肾内侧有一凹陷处称肾门，为输尿管、血管出入肾的地方。

（二）输尿管

输尿管（ureter）为一对细长白色的小管，自肾门发出，沿脊柱两侧后行直达膀胱。

（三）膀胱

膀胱（urinary bladder）为一囊状结构，前部大，后部缩小，似梨状。位于直肠后部的腹面，与尿道相通。

（四）尿道

尿道（urethra）为泌尿系统最末的一段管道，前与膀胱相连，后端开口于体外。雄兔的尿道兼排精之用，开口于阴茎末端；雌兔的尿道开口于阴道前庭。

五、生殖系统的观察

（一）雄性生殖系统

雄家兔的生殖系统由睾丸、输精管及阴茎等几部分组成。

1．睾丸　睾丸（testis）为一对白色的卵圆形腺体器官，是产生精子的地方。幼兔的睾丸位于腹腔内；性成熟的雄兔在生殖季节睾丸沿腹股沟管下行降至阴囊内；在非生殖季节睾丸则沿腹股沟管上行到腹腔内。睾丸背方有一隆起的盘旋管状结构，称附睾。由附睾发出的白色细管为输精管，附睾末端为膨大的储精囊（图 25-7）。

2．输精管和阴茎　输精管（spermatic duct）由附睾发出，常与神经和血管伴行，经腹股沟管进入腹腔，在膀胱基部背方开口于尿道（图 25-7）。在输精管末端背侧部有前列腺分布，前列腺的分泌液具稀释精液的作用。

3．阴茎　阴茎位于身体腹面后方，在睾丸内形成的精子通过输精管和尿道，再经阴茎排出体外。横切阴茎，尿道周围有两个富含血管的海绵体。

（二）雌性生殖系统

雌家兔的生殖系统由卵巢、输卵管、子宫及阴道等几部分组成。

1．卵巢　卵巢（ovary）为一对浅粉红色的扁圆形小体，是带有颗粒状突起的腺体，由肠系膜悬挂于腹腔后部两背侧（图 25-8）。卵巢既是产生卵子的地方，也是雌性激素分泌的场所。卵巢表面可见到小而透明的成熟卵泡。

2．输卵管　输卵管（oviduct）是位于卵巢外侧的白色细长小管，其前端开口处膨大，称喇叭口，后端膨大为子宫（图 25-8）。

3．子宫　子宫（uterus）是输卵管后端膨大的部分，家兔的子宫为双子宫，子宫开口于阴道（图 25-8）。

4．阴道　左右子宫后端会合为阴道（vagina），阴道向后延伸为阴道前庭，其腹面有尿道的开口，前庭以泄殖孔开口于体外。

六、呼吸系统的观察

家兔的呼吸系统包括呼吸道和肺两大部分。

（一）呼吸道

呼吸道由鼻、咽、喉和气管等组成。

1．鼻和咽　鼻（nose）位于口的背方，分为外鼻孔、内鼻孔和鼻腔，鼻腔内由鼻中隔分为左右两半。口腔的后方为咽，咽腔底部有一喉门，哺乳动物的消化道和呼吸道在此形成咽交叉。

2．喉　喉（larynx）位于咽的后部，由甲状软骨、环状软骨、杓状软骨及会厌软骨组成发达的喉头（图 25-9）。喉头为一软骨构成的腔。喉头顶很大的开口即声门。喉腔内可见 2 对薄膜，即声带。前一对为假声带，后一对为真声带。在甲状软骨的两侧各有一暗红色的椭圆形腺体——甲状腺。

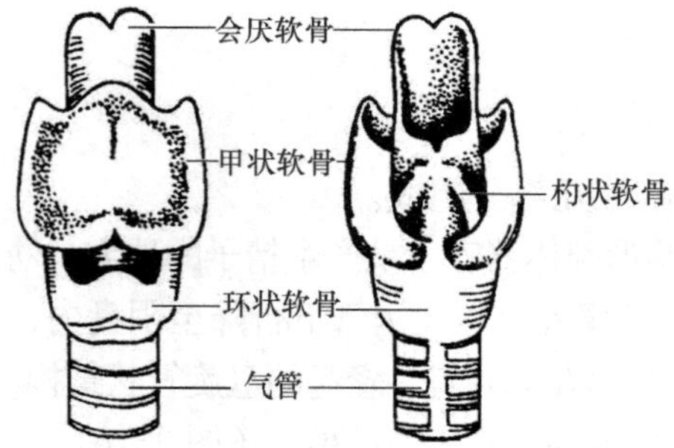

图 25-9　家兔的喉

a．腹面观；b．背面观

3．气管　气管（trachea）是位于喉之后的一管道，由许多半环状软骨组成，管壁由许多软骨环支持，软骨环的背面不完整，紧贴食管。气管前端与喉相连，后端分为左右支气管入肺，左右支气管再分支为细支气管，其末端膨大成囊状，囊内分隔为肺泡。

（二）肺

肺（lung）为海绵状器官，位于心脏两侧的胸腔内，分左右两肺。左肺 3 叶，右肺 3 叶，左右肺之间有一中间叶（图 25-10）。肺以肺泡增大气体交换面积，使呼吸机能得以加强。

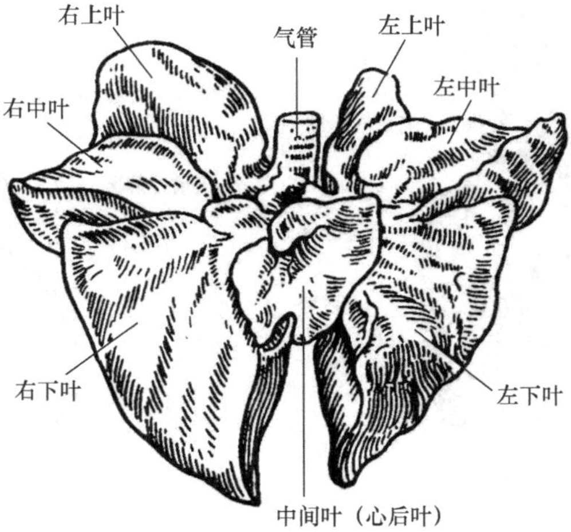

图 25-10　家兔的肺

七、循环系统的观察

家兔的循环系统由心脏、动脉系统和静脉系统等几部分组成。

（一）心脏及其相连的血管

1．心脏　心脏（heart）位于胸膜腔内，其外包被一层很薄的心包膜。幼兔心脏的前部被发达的胸腺遮盖，成兔胸腺退化，仅留痕迹。小心剪开心包膜，细心地分离出与心脏相连的血管。

家兔的循环系统为完全的双循环（体循环和肺循环），其心脏包括完整的两心房和两心室。前部为左、右心房，呈红褐色；后部为左、右心室，呈圆锥形，其壁较心房的厚。试用手触摸左、右心室壁的厚度有何不同（图 25-11，图 25-12）。

2．与心脏相连的血管

（1）主动脉弓　主动脉弓（aorta）自左心室发出，前行不远分出 3 支血管（无名动脉、左颈总动脉及左锁骨下动脉）至前肢和头部，主干向左后弯曲，继续后行成为背主动脉（右主动脉弓退化）。由背主动脉发出许多的分支到腹腔内的各器官系统、后肢及尾部。

（2）肺动脉　肺动脉（pulmonary artery）由右心室前端腹面发出，分左右两支入左右肺，其后再分为细支，最后形成缠绕肺泡的微血管网。

注意观察肺动脉内输送的血液与主动脉内血液的差异。

（3）肺静脉　肺静脉（pulmonary vein）是收集肺内血液回流入心脏的血管，

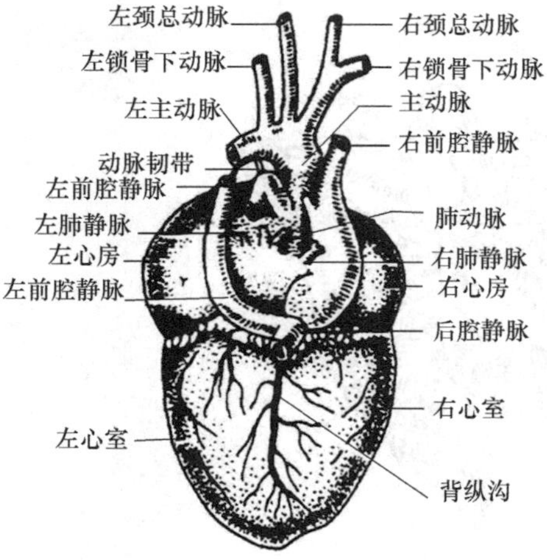

图 25-11 家兔的心脏（背面观）

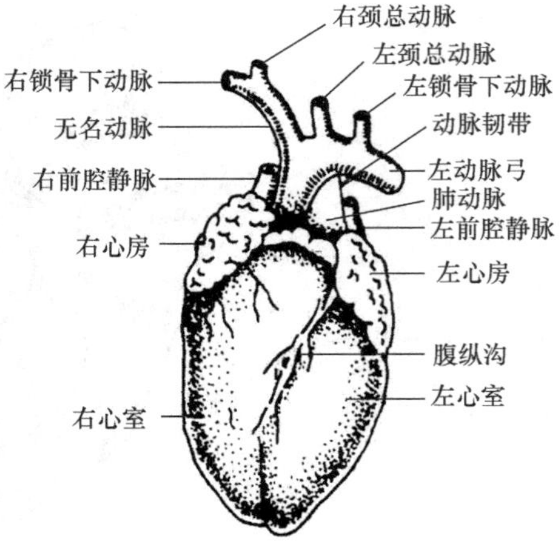

图 25-12 家兔的心脏（腹面观）

分左右两支，在心房背侧汇合，以一共同开口汇入左心房。注意观察肺静脉内输送血液的颜色。

（4）前腔静脉和后腔静脉 前腔静脉（precaval vein）和后腔静脉（postcaval vein）是收集身体各部静脉血回流入心脏的血管。前腔静脉有左右两支，负责收集身体前部的静脉血液，进入右心房；后腔静脉一支，负责收集身体后部的静脉血液，进入右心房。观察时注意动脉和静脉外表的差异。

（二）动脉系统

动脉管壁较厚，呈白色。家兔的动脉系统主要由以下血管构成（图 25-13）。

1. 主动脉弓 主动脉弓为一条输送动脉血到全身各组织器官的大血管，由左心室前端发出，前行不远后，弯向左背方后行。转弯处，从右至左依次分出 3 支血管。

（1）无名动脉 无名动脉（innominate artery）是主动脉弓发出的第一支血管，较粗短。由无名动脉分为右颈总动脉和右锁骨下动脉两支，分别供给家兔右侧头部、颈部及右前肢的动脉血液。

（2）左颈总动脉 左颈总动脉（common carotid artery）是主动脉弓在发出无名动脉之后发出的第二支血管（有的个体该血管与无名动脉的基部连在一起），供应家兔左侧头、颈部的动脉血液。左、右颈总动脉在近颌角处又各分为颈内动脉和颈外动脉两支，颈内动脉位于颈部内侧，进入颅腔，负责供应脑的动脉血液；颈外动脉负责供应头颈部外侧及颜面部的动脉血液。

（3）左锁骨下动脉 左锁骨下动脉（subclavian artery）是主动脉弓弯向左侧时发出的第三支血管。负责供应左前肢的动脉血液。

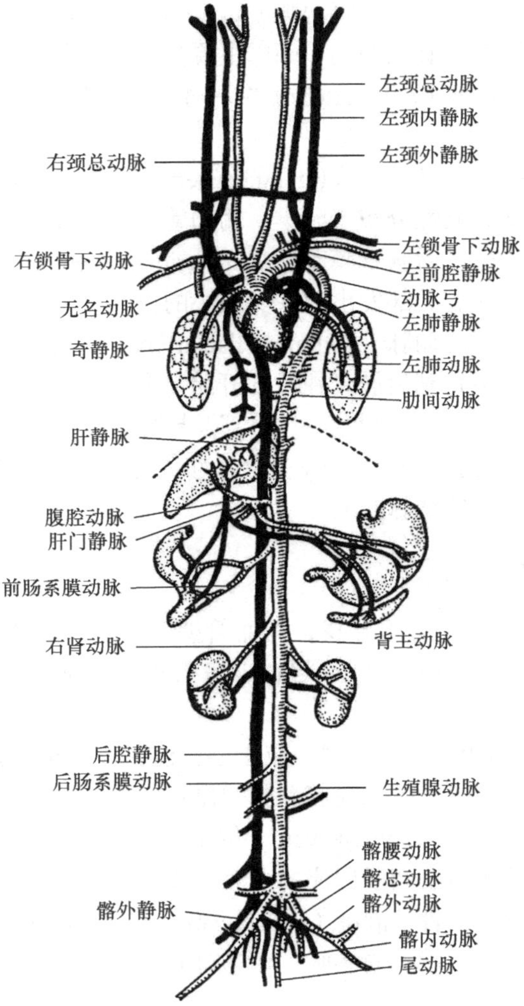

图 25-13 家兔的循环系统

2. 背主动脉 背主动脉（dorsal aorta）是主动脉弓分出左锁骨下动脉后主干转向心脏背面贴脊柱后行的血管。沿途分出若干大小不同的分支到各组织器官。其主要分支有：

（1）肋间动脉 肋间动脉（intercostal artery）是背主动脉在胸腔内的几个小分支，与肋骨平行，分布于胸壁上，供应胸部的动脉血液。

（2）腹腔动脉 腹腔动脉（coeliac artery）是背主动脉穿过膈后发出的第一条大分支，此动脉前行 2cm 左右分成两支，一支到胃和脾，成为胃脾动脉；另一支至胃、肝、胰和十二指肠，称胃肝动脉，主要分布到肝、脾、胃、胰及十二指肠前段。将胃拨向右侧，肝拉向右前方即可找到该条动脉。

（3）前肠系膜动脉　前肠系膜动脉（anterior mesenteric artery）是背主动脉的第二条大分支，与腹腔动脉相距约 1cm。主要分布到小肠、胰、盲肠及直肠。

（4）肾动脉　肾动脉（renal artery）为一对，分别进入左右肾、肾上腺及腹腔的体壁。

（5）生殖腺动脉　生殖腺动脉（genital artery）有左右两支，雄性分布到睾丸、输精管、附睾及阴茎，雌性分布于卵巢、输卵管、子宫及阴道。

（6）后肠系膜动脉　后肠系膜动脉（posterior mesenteric artery）位于肾动脉之后，是背主动脉在腹腔后部发出的一支较小的血管，分布到结肠和直肠。

（7）髂总动脉　髂总动脉（common iliac artery）一对，左右髂总动脉又各自分为两支，髂外动脉下行到后肢，在股部开始易名为股动脉。髂内动脉是总露动脉内侧的一条细小分支，分布到盆腔、臀部及尾部。

（8）尾动脉　尾动脉（tail artery）为一对，它是背主动脉末端的延伸部分，分左右两支，供给尾部的动脉血液。

（三）静脉系统

静脉血管呈暗红色，易于寻找，但血管壁薄，容易破裂，观察时要特别小心。用镊子将心尖翻向前方，可见与右心房相连的一对前腔静脉和一条后腔静脉（图 25-13）。

1. 前腔静脉　前腔静脉为一对，位于心脏前侧方，从心脏背面进入右心房。沿右前腔静脉基部向前寻找汇入前腔静脉的血管。

（1）奇静脉　奇静脉（azygous vein）位于胸椎腹面右侧，由后向前纵行的一条血管，负责收集后 8 对肋间肌回流的血液，在右心房附近汇入右前腔静脉。

（2）锁骨下静脉　锁骨下静脉（subclavian vein）负责收集前肢、胸肌及部分肩部的血液，由前至后，斜行向心脏，在第 1 肋骨的表面汇入前腔静脉。

（3）颈外静脉　颈外静脉（external jugular vein）较粗，为前腔静脉向前延伸的部分，沿颈部外侧皮下运行，汇集颜面部和耳廓等处的回心血液。

（4）颈内静脉　颈内静脉（internal jugular vein）较细，位于深层，沿气管侧面纵行，收集脑部及颈部回心的血液。后行至第 1 肋骨前方时，汇入颈外静脉。

2. 后腔静脉　后腔静脉是负责收集身体后部的静脉血液回心的大血管，自后向前沿脊柱腹面纵行，在心脏背面进入右心房。从该血管基部向后寻找汇入的各分支静脉。

（1）肝静脉　肝静脉（hepatic vein）由肝脏向前方发出，肝脏的短而粗的静脉，共 4～5 条。在膈的后方汇入后腔静脉。

（2）肝门静脉　肝门静脉（hepatic portal vein）是由胃、肠、胰、脾等器官的微小血管汇集而成的一段血管，前行入肝后形成毛细血管网，再通过肝静脉汇入后腔静脉。

（3）肾静脉 肾静脉（renal vein）来自肾脏，由肾门发出，与肾动脉伴行，较短，汇入后腔静脉。

（4）生殖腺静脉 雄兔的生殖腺静脉（genital vein）来自睾丸，又称精索静脉；雌兔的生殖腺静脉来自卵巢，称卵巢静脉。与相应动脉伴行，前行入后腔静脉。

（5）髂外静脉 髂外静脉（external jugular vein）为股静脉向前延伸的部分，负责收集后肢的静脉血液。

（6）髂内静脉 髂内静脉（internal iliac vein）是由盆腔背壁和大腿背侧的许多小血管汇集而成，前行汇入髂总静脉。

（7）髂总静脉 髂总静脉（common iliac vein）是由髂内和髂外静脉汇合而成，前行汇入后腔静脉。

（8）尾静脉 尾静脉（tail vein）由左右两小支汇合而成，负责收集尾部的静脉血汇入后腔静脉。

（四）心脏的内部解剖

循环系统观察完后，剪下心脏观察其内部结构。在剪下心脏时，注意保留与其相连的动脉和静脉血管的基部，以便观察其相互间的关系（图 25-14）。

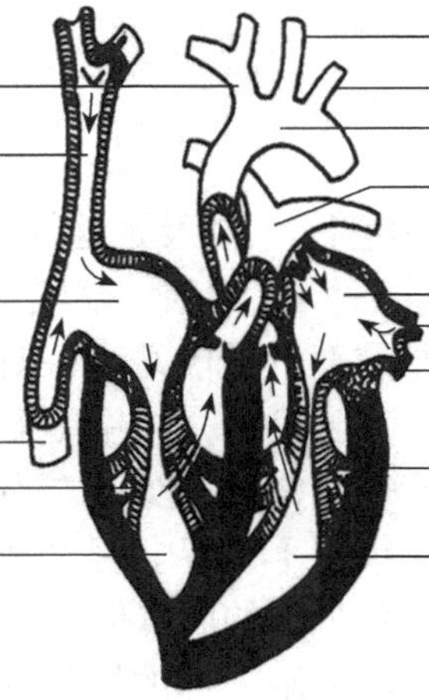

图 25-14 哺乳动物心脏的结构

剪下心脏后，先辨认背腹面和左右侧，然后将其纵剖为背腹两半，洗去淤血后仔细观察心脏的内部结构。家兔心脏的左右两半互不相通，但同侧的房室之间有房室孔相通。房室孔周围有透明的瓣膜，以附在心室内壁指状乳头肌上的腱索控制其开闭。左侧的瓣膜为二尖瓣（bicuspid valve），右侧的瓣膜为三尖瓣（tricuspid valve），瓣膜的作用主要是控制血液倒流。在肺动脉和主动脉弓基部，均有袋状的半月瓣（semilunar valve）。

根据心脏的结构特点（如壁的厚薄、瓣膜数目等），分辨左、右心房和左、右心室，并注意与之相连的血管。

八、神经系统的观察

家兔的神经系统包括中枢神经和外周神经两大部分。中枢神经包括脑和脊髓；外周神经包括脑神经、脊神经及自主（植物性）神经。

（一）脑的解剖

取经盐酸软化过的家兔头，于 1～2 颈椎处切断，使枕骨大孔露出后，自枕骨大孔开始用剪刀及钝头镊子将头顶骨片逐一剥离。注意紧贴于骨片内面之脑膜即为硬脑膜。在剥离至小脑处，可用剪刀将延骨的顶部水平向剪去。下面露出小脑卷时，再扩展开口，将小脑完整地剥出。在剥至脑下垂体处时应十分小心，脑下垂体与漏斗之间相连处非常狭窄、夹在骨中间。因此，在剥离此处时应注意一小片一小片地剪去四周的骨片，遇狭窄处骨片时，用眼科剪、镊为好。残留于脑下垂体周围的碎骨，可将脑取下后再细心分离。要注意大脑最前嗅球的剥离，此处如不小心也易断裂。取下脑时特别注意脑神经，应慢慢抬起延脑，伸进解剖剪剪断脑神经（要尽量保留一段脑神经在脑上，以便观察）。最后，将兔脑完全地取下并置于解剖盘中，加入清水以免干燥。

（二）脑的背面观

家兔的脑分为端脑、间脑、中脑、后脑及延脑等 5 个部分（图 25-15）。

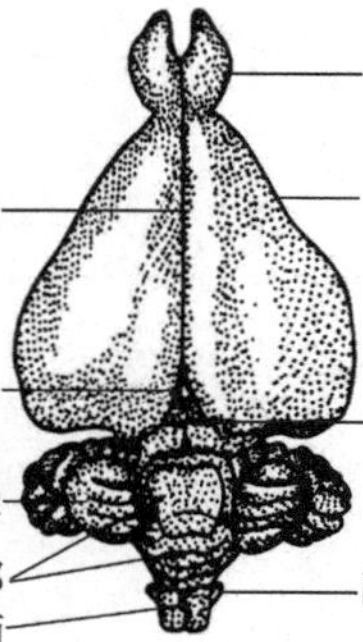

图 25-15　家兔脑的背面观

1. 端脑　端脑（telencephalon）位于脑的前部，最前端为一对小的嗅球，其后为大脑。大脑发达，左右大脑半球占据了背面的大部分，表面沟回较少。左右大脑半球以中央沟（大脑纵裂）为界。轻轻地分开此沟，在底部可见白色带形的胼胝体（corpus callosum），由联络左右大脑半球的横行纤维构成，为哺乳动物脑所特有的结构。

2. 间脑　间脑（diencephalon）位于端脑之后，在大脑中央沟后端可见间脑，其上有一个小的松果体（pineal body）。将大脑和小脑稍稍分开，可见间脑背壁的前脉络丛（anterior chorioid flexus）。

3. 中脑　将大脑后缘轻轻推向前方，可见 4 个丘状突起，即中脑（mesencephalon）四叠体（corpora quadrigemina）。前两个称上丘，为视觉反射中枢；后两个称下丘，是听觉反射中枢。

4．后脑 后脑（metencephalon）由中间的小脑蚓部（vermis cerebelli）、两侧的小脑半球（hemisphere cerebelli）及最外侧的小脑鬈（flocculus cerebelli）构成。

5．延脑 延脑（medulla oblongata）前部为小脑所盖，后端与脊髓相连。将小脑后端稍抬起，可见延脑背壁上的后脉络丛（posterior chorioid flexus），其下为第四脑室。

（三）脑的腹面观

仔细观察家兔脑腹面各部分的结构（图 25-16）。

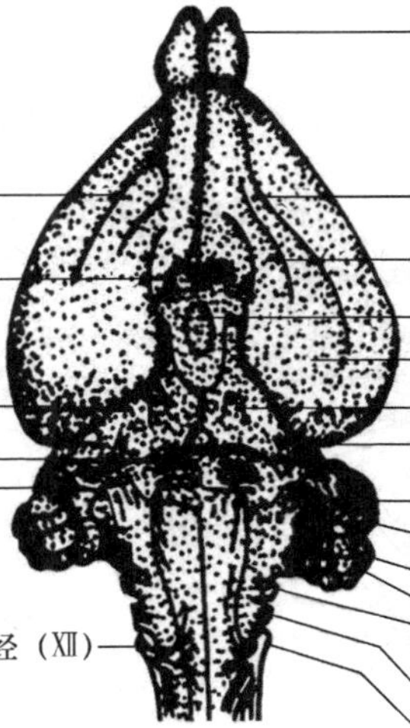

图 25-16 家兔脑的腹面观

1．端脑 端脑的最前端为 1 对嗅球，每一嗅球由嗅束和梨状叶相连。嗅神经（Ⅰ）由鼻腔的嗅黏膜发出，连于嗅球上。

2．间脑 在间脑上可见 1 对白色的交叉，即视神经（Ⅱ）交叉。位于间脑腹面，为 1 对粗大的视神经，后紧接一圆球状的脑下垂体（hypophysis），以漏斗体（infundibulum）与间脑相连。

3．中脑 在中脑可见厚而色白的神经束，称为大脑脚（pedunculi cerebri），由大量来往于端脑和后脑之间的神经纤维组成。在大脑脚的中线上，可见由中脑发出的动眼神经（Ⅲ），位于脑下垂体后方，分布于眼肌，前伸至眼球；滑车神经（Ⅳ）细小，从中脑侧壁伸出，分布于眼肌。

4．后脑 后脑上可见由巨大横行纤维束构成的联系左右小脑半球的脑桥（pons），脑桥为哺乳动物脑所特有结构。桥脑后缘两侧发出 1 对三叉神经（Ⅴ），分布于眼眶壁和上下颌。

5．延脑　延脑上成对的纵行纤维束隆起，称锥体（pyramis）。大脑半球的纤维束经此通行到对侧的脊髓（spinal cord）。延脑在腹中线处发出 1 对外展神经（Ⅵ），外展神经沿中线前伸，分布于眼肌。在三叉神经后侧面可见有 3 根神经发出：前 1 对为面神经（Ⅶ），后 2 对为听神经（Ⅷ），之后为 1 对舌咽神经（Ⅸ），分布于舌肌和咽部。再向后依次为迷走神经（Ⅹ）和副神经（Ⅺ）。延脑后端中线两侧各有 1 对舌下神经（Ⅻ），分布于舌。

九、骨骼系统的观察

家兔的骨骼系统包括头骨、主轴骨骼和肢骨骼三部分（图 25-17）。

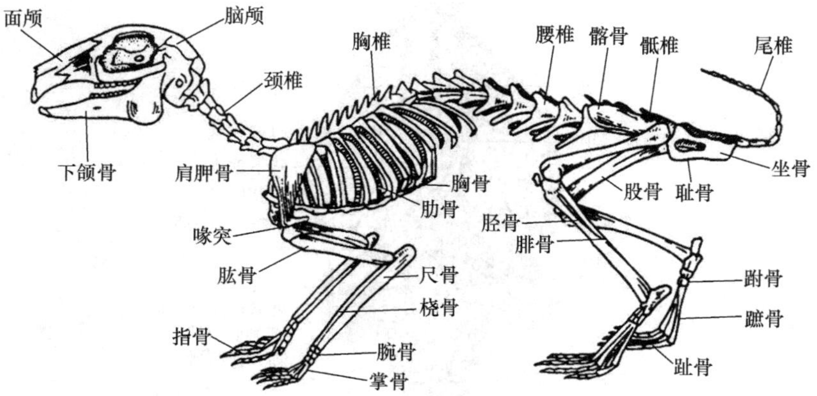

图 25-17　家兔的骨骼系统

（一）头骨

家兔的头骨（skull）包括保护脑的脑颅和支持上下颌的面颅两部分。头骨颅腔大，骨块愈合程度很高，数目减少。次生腭完整，内鼻孔后移，使消化道和呼吸道交叉点由口腔移至咽腔。有颧弓，下颌仅由一对齿骨构成，直接与颅骨相关节。

1．头骨的背面观　头骨构成颅腔后壁和腹壁，头骨的最后部分为枕骨，后部中央有一枕骨大孔（foramen magnum），沟通颅腔和椎管（图 25-18）。枕骨分为 4 块：上枕骨 1 块，位于枕骨大孔背缘；基枕骨 1 块，位于腹缘；左右两侧为 2 块外枕骨。上枕骨背缘前方为 1 块顶间骨，顶间骨之前为 1 对长方形的顶骨。顶骨之前为 1 对长方形的额骨。额骨之前为 1 对长形的鼻骨，鼻骨较长，其所覆盖的腔为鼻腔，前端的开口为外鼻孔。顶骨两侧、眼窝后方是 1 对鳞骨，其前部突起构成眼窝后壁的一部分，与颧骨后端相接，呈弧形的为鳞骨的颧突。

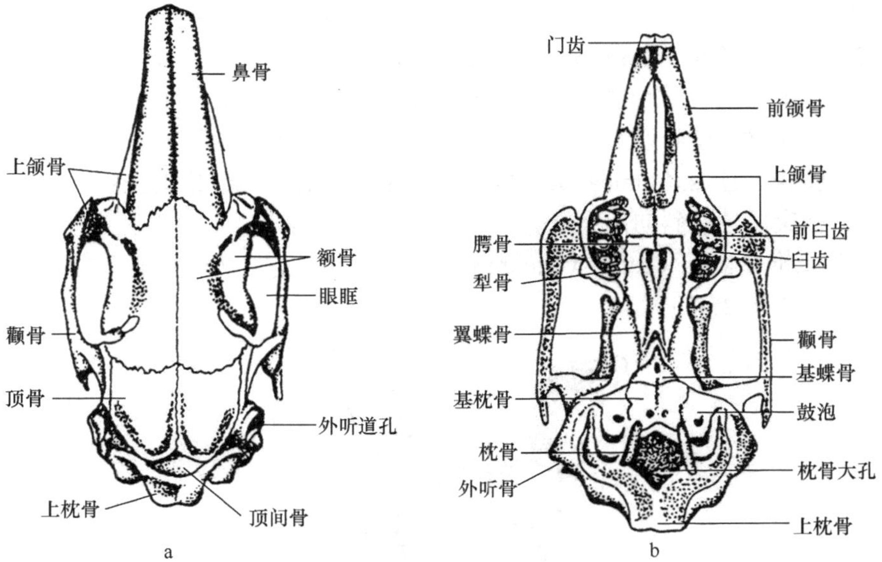

图 25-18　家兔的头骨

a. 背面观；b. 腹面观

2. 头骨的腹面观　枕骨大孔两侧的外枕骨和腹侧的基枕骨共同形成 1 对卵圆形的隆起，称为枕髁（occipital condyle），枕髁与第 1 颈椎相关节。枕髁的两侧有 1 对泡状隆起，为鼓泡，即中耳所在。开口于鼓泡外侧的为外耳道。基枕骨前方有一呈三角形的基蝶骨。基蝶骨两侧有 1 对翼蝶骨，构成眼窝的后壁，向前腹方形成 1 对突起，称翼突。基蝶骨之前为细长的前蝶骨。腭骨 1 对，位于前蝶骨的两侧，其前端与上颌骨相接，后端与冀突相接。头骨腹面最前端为前颌骨，其前端长有 2 对门齿(incisor)。前颌骨之后为 1 对上颌骨，其后部每侧长有臼齿(molar) 6 枚，即前臼齿（premolar）和臼齿各 3 枚，均嵌入齿槽中，无犬齿。

家兔的齿式：$\frac{2\cdot0\cdot3\cdot3}{1\cdot0\cdot2\cdot3}=28$。

（二）主轴骨骼

家兔的主轴骨骼（axial skeleton）包括脊柱（vertebral column）、肋骨（rib）及胸骨（sternum）（图 25-17）。

1. 脊柱　兔的脊柱大约由 46 块脊椎骨组成，脊椎骨的椎体为双平型，前后两椎体之间夹以软骨的椎间盘。脊柱分为颈椎、胸椎、腰椎、骶椎及尾椎五部分。

（1）颈椎　颈椎（cervical vertebra）共 7 枚，第 1 枚称寰椎（atlas），为环状，无椎体，与头骨的枕髁构成关节。第 2 枚称枢椎（axis），其前端有一锥状突称齿突（processus- odontoideus），伸入寰椎构成头骨回转的轴。寰椎和枢椎的功能主要是增强头部的活动能力。

（2）胸椎　胸椎（thoracic vertebra）共 12 枚，背面的椎棘高大，腹侧与肋骨相连。神经棘较长，椎骨前后具关节突，前关节突的关节面向上，后关节突的关节面向下。胸椎、肋骨及胸骨一起构成陆生脊椎动物特有的胸廓（thorax）。

（3）腰椎　腰椎（lumbar vertebra）共 7 枚，椎体粗大，横突较长，其上无肋骨附着，横突发达并斜向前下方。

（4）骶椎　骶椎（sacral vertebra）共 4 枚，相互愈合为一骶骨，并与腰带相连构成骨盆（图 25-19）。

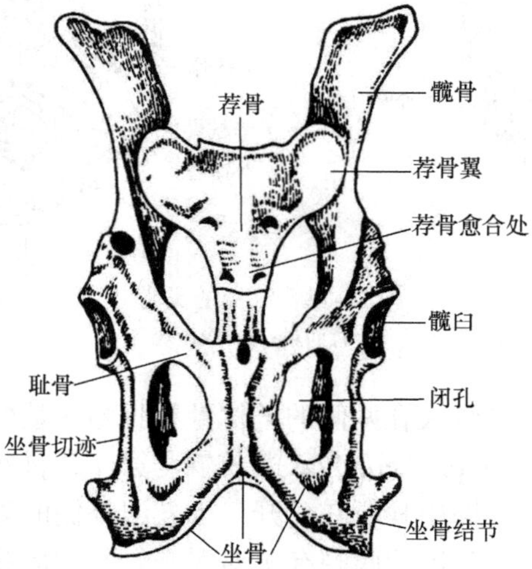

图 25-19　家兔的骨盆（腹面观）

（5）尾椎　尾椎（caudal vertebra）一般有 15～18 枚。前面数枚尾椎具有椎管，以容纳脊髓的终丝，越向后越小，最末的仅具有椎体。

2. 肋骨　肋骨共有 12 对（偶有 13 对），与胸椎数目一致。前 7 对肋骨分别直接与胸骨相连，称真肋；后 5 对肋骨（偶有 6 对）不与胸骨直接相连，称假肋（或浮肋）。

3. 胸骨　胸骨是位于胸部腹壁中央的一列骨片，共分 6 节。第 1 节称胸骨柄，第 2～5 节称胸骨体，末节为剑突。剑突后接一宽扁的软骨，称剑状软骨。位于胸骨柄和剑突之间的各块胸骨统称为胸骨体。

（三）四肢骨

家兔的四肢骨（appendicular skeleton）由肢带和肢骨组成（图 25-17）。

1. 肢带　肢带包括肩带和腰带。

（1）肩带　肩带（pectoral girdle）由肩胛骨、乌喙骨及锁骨等 3 对骨块组成。肩臼上方可见一小而弯的突起，称乌喙突。它相当于低等种类乌喙骨的退化痕迹。

肩胛骨背方的中央隆起称为肩胛嵴，是前肢运动肌肉所附着的地方。兔的锁骨退化成 1 个小薄骨片，两端各以韧带连于胸骨柄和肱骨之间。

（2）腰带　腰带（pelvic girdle）由坐骨、髂骨及耻骨等 3 对骨块组成。但家兔的这 3 对骨块已愈合成 1 对髋骨（coxa），每一髋骨的外侧均有一圆形凹陷的髋臼，髋臼与股骨相关节。左右髋骨在背侧与骶骨牢固相连成不动关节，在腹正中线相连成骨盆合缝。左右髋骨、背侧骶骨及前几枚尾椎一起构成哺乳动物特有的骨盆（pelvis）。耻骨两侧各有一大孔，称闭孔，供血管和神经通过。

2. 肢骨　肢骨包括前肢骨和后肢骨。

（1）前肢骨　前肢骨包括肱骨、桡骨、尺骨、腕骨（9 枚）、掌骨（5 枚）及指骨等。指骨有 5 枚，指端有爪。一般每个指骨由 3 个骨节组成，但第 1 指骨只有 2 个骨节。

（2）后肢骨　后肢骨包括股骨、胫骨、腓骨、跗骨（7 枚）、蹠骨（4 枚）及趾骨。趾骨有 4 枚，每个趾骨有 3 个骨节，末端有爪。股骨与胫骨间有髌骨。胫骨较腓骨大且长。此外，在股骨下端还有一块膝盖骨。

作业与思考

1. 用简图表示家兔体循环和肺循环的血流途径。
2. 家兔的完整两心房、两心室及完全的双循环有何意义？
3. 家兔的消化道有何特点？

扫一扫 看答案

（川北医学院　蔡晓明　章　欢）

附　图

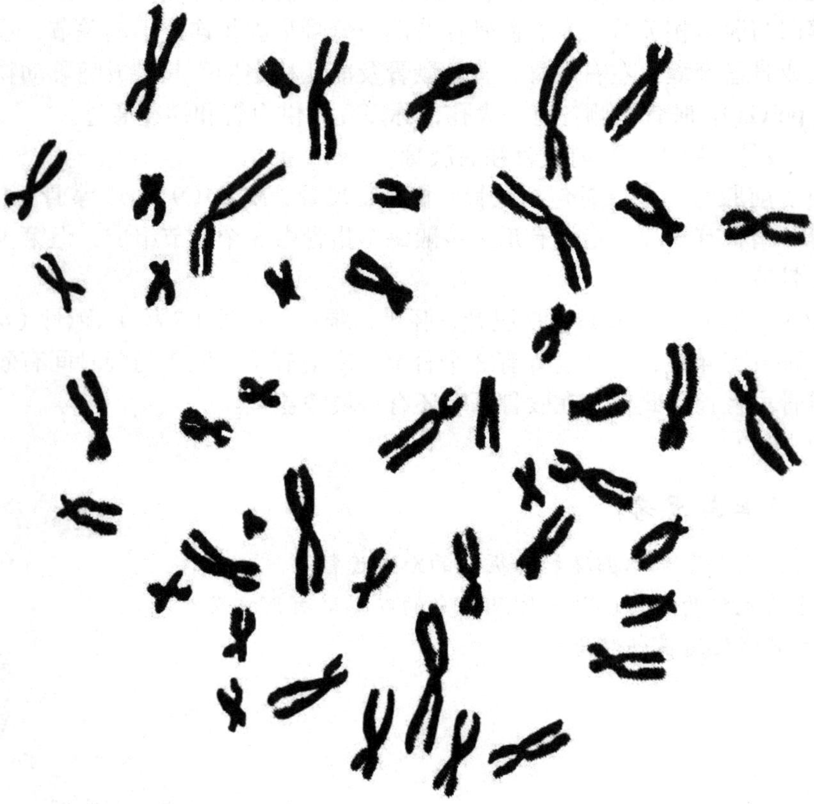

人体细胞中期分裂染色体图